MICHAELIS
ESPANHOL
GRAMÁTICA PRÁTICA

Miguel Ángel Valmaseda Regueiro
Manuel Aparício Burgos

MICHAELIS

ESPANHOL

GRAMÁTICA PRÁTICA

NOVA ORTOGRAFIA conforme o
Acordo Ortográfico da LÍNGUA PORTUGUESA

MELHORAMENTOS

Dados internacionais de Catalogação na Publicação (CIP)
(Câmara Brasileira do Livro, SP, Brasil)

Valmaseda Regueiro, Miguel Ángel
  Michaelis Espanhol gramática prática / Miguel Ángel
Valmaseda Regueiro, Manuel Aparício Burgos; [tradução Andrea
Silva Ponte]. 2.ª edição. – São Paulo: Editora Melhoramentos,
2010. – (Michaelis Gramática Prática)

ISBN 978-85-06-03446-0

1. Espanhol – Gramática. I. Burgos, Manuel Aparício.
II. Ponte, Andrea Silva. III. Título. III. Série.

CDD-465

Índices para catálogo sistemático:

1. Espanhol - Gramática 465
2. Gramática espanhola básica para estrangeiros: Português 468

© Miguel Ángel Valmaseda Regueiro e Manuel Aparício Burgos

© 1998 Cia. Melhoramentos de São Paulo
© 2004, 2010 Editora Melhoramentos Ltda.
Todos os direitos reservados.

Tradução: Andrea Silva Ponte (Bacharel em Espanhol e Português
pela Universidade de São Paulo)
Design original da capa: Jean E. Udry

4.ª edição, 3.ª impressão, setembro de 2018
ISBN: 978-85-06-03446-0
    978-85-06-07868-6

Atendimento ao consumidor:
Caixa Postal 11541 – CEP 05049-970
São Paulo – SP – Brasil
Tel.: (11) 3874-0880
www.editoramelhoramentos.com.br
sac@melhoramentos.com.br

Impresso na Índia

INTRODUÇÃO

Esta obra é um resumo de gramática da língua espanhola dirigido a estudantes de 1.º e 2.º graus, a universitários e, em geral, a todos os de fala portuguesa que queiram conhecer a gramática espanhola, resolver alguma dúvida ou aprender a usá-la para falar ou escrever.

Por ser um resumo, não quisemos ser muito prolixos em nossa exposição, mas providenciamos para que não faltasse nada essencial no momento de aprender a usar a língua espanhola como veículo de comunicação. Por esse motivo, demos ênfase e aprofundamos mais alguns temas, como o uso dos *pronombres*, os *adverbios* ou as *preposiciones*, e abordamos outros que, mesmo sendo importantes, consideramos menos imediatamente "urgentes".

Por outro lado, mesmo sendo um resumo, não economizamos exemplos. Em cada caso, o leitor encontrará amostras abundantes da língua atual que servirão para guiá-lo.

Com o intuito de atender a todos, sacrificamos boa parte do vocabulário gramatical especializado e o reduzimos aos termos mais importantes. Esses termos se mantiveram em sua versão espanhola, primeiro, porque nem sempre coincidem com os do português e, segundo, porque consideramos que o estudante deve habituar-se a essa nomenclatura na língua que estuda. Além disso, acreditamos que cada um desses termos está suficientemente explicado e não precisa de tradução.

Visto que nos dirigimos a estudantes que falam português, incluímos em cada tema um apêndice intitulado "Em contraste com o português", o que constitui uma autêntica novidade, porque, até onde sabemos, nenhuma gramática com as características da nossa que contemplasse de forma sistemática esta questão havia sido publicada até o momento.

Nossa preocupação não foi esgotar um tema tão amplo como a gramática contrastiva hispano-lusa, mas sim apontar as divergências de um bom número de elementos que, sem dúvida, serão úteis para melhor compreender certos usos e para evitar muitos erros.

Agradecemos a primorosa tradução de Andrea Silva Ponte, que tornou esta obra acessível aos leitores brasileiros.

Miguel Ángel Valmaseda Regueiro
(Licenciado em Filologia Românica pela Universidade Complutense de Madri, professor titular de língua espanhola e literatura em escola de 2.º grau e ex-assessor técnico linguístico da Embaixada da Espanha no Brasil.)
Manuel Aparício Burgos
(Professor titular de escola de 1.º Grau.)

SUMARIO
(SUMÁRIO)

- *Signos ortográficos* (Sinais de pontuação) 13
- I. *El alfabeto español* (O alfabeto espanhol) 14
- II. *Reglas ortográficas* (Regras ortográficas) 22
  - Regras de acentuação 22
  - Em contraste com o português 25
  - Regras do *Z* 34
  - Regras do *Z* no final da palavra 34
  - Regras do *D* no final da palavra 34
  - Regras do *Y* 35
  - Regras do *R* e do *RR* 36
  - Regras do *B* 37
  - Regras do *V* 38
  - Regras do *G* antes de *E, I* 41
  - Regras do *H* 43
- III. *El sustantivo y sus complementos*
  (O substantivo e seus complementos) 49
  - *Clases de sustantivos* 50
  - *Nombres comunes* e *nombres propios* 50
  - *Los pronombres* 51
  - *Nombres tangibles* e *intangibles*
  (concretos e abstratos) 51
  - Outras funções do *sustantivo* 52
  - *Traslación* 52

- O gênero dos *sustantivos* 53
- *Nombres epicenos* 54
- *Nombres ambiguos* 56
- O gênero e a terminação dos *nombres* 56
- *Nombres comunes* quanto ao gênero 58
- *Nombres femeninos* com relação aos derivados
  do *masculino* 59
- O número dos *nombres* 60
- Formação do plural dos *nombres* 60
- Os *nombres colectivos* 62
- *Nombres contables* e *no contables* 62
- *Singularia* e *pluralia tantum* 63
- Singular e plural equivalentes 63
- A concordância entre o plural e o gênero 63
- Em contraste com o português 64
- Nomes com diferente gênero em espanhol e
  em português 65

• *Los adjuntos del sustantivo*
  (Os complementos do substantivo) 68

• IV. *El artículo* (O artigo) 69
- Colocação do *artículo* 69
- Usos do *artículo* **lo** 70
- *Contracciones* 71
- Em contraste com o português 74

• V. *Los adjetivos* (Os adjetivos) 76
- Classes de *adjetivos* 76
- *Los adjetivos calificativos* 78
- O gênero dos *adjetivos* 78

Índice Geral

- Formação do feminino dos *adjetivos* 79
- O plural dos *adjetivos* 80
- Apócope dos *adjetivos* 80
- Grau do *adjetivo calificativo* 82
- Formação do *comparativo* 82
- O *superlativo* 84
- Grau de palavras de outras categorias 86
- Colocação do *adjetivo* 86
- *Sustantivación del adjetivo* 88
- *Adjetivación* de outras categorias de palavras 88
- Em contraste com o português 89

- • VI. *Los elementos de la palabra* (Os elementos da palavra) .. 91
- Os *formantes* nos *adjetivos* e nos *nombres* 92
- Os *afixos* 93
- *Prefixos* e *sufixos* 93
- Mudanças nos *afixos* e na *raíz* 93
- Classes de *sufixos* 94
- Classes de *sufixos apreciativos* 94
- *Prefixos significativos* e *apreciativos* 95
- Formação dos *diminutivos* 102
- Formação dos *aumentativos* 104

- • VII. *Los pronombres personales* (Os pronomes pessoais) ... 105
- Paradigma dos *pronombres personales* 106
- O gênero dos *pronombres personales* 112
- A declinação dos *pronombres personales* 113
- O número dos *pronombres personales* 113
- O *pronombre personal* em função de *sujeto* 115
- Posição do *pronombre personal sujeto* 116
- As formas do *pronombre personal* em função de *sujeto* 116

- O *pronombre personal* em função de *complemento* 117
- Colocação do *pronombre personal complemento* 119
- As construções pronominais 120
- O *pronombre* em função de *predicativo* 124
- Em contraste com o português 125
- Pronome enclítico em espanhol e proclítico em português .. 126
- Pronome proclítico em espanhol e enclítico em português .. 126

• VIII. *Los demostrativos* (Os demonstrativos) 128
- Formas de *pronombres demostrativos* 128
- Em contraste com o português 129

• IX. *Los numerales* (Os numerais) 130
- *Numerales cardinales* 130
- *Numerales ordinales* 132
- Em contraste com o português 134

• X. *Los indefinidos* (Os indefinidos) 136
- Em contraste com o português 142

• XI. *Los relativos* (Os relativos) 145
- Em contraste com o português 149

• XII. *Los interrogativos* (Os interrogativos) 150
- Em contraste com o português 153

• XIII. *Los exclamativos* (Os exclamativos) 155
- Em contraste com o português 157

• XIV. *Los posesivos* (Os possessivos) 158
- Paradigma dos *posesivos* 158
- Em contraste com o português 160

Índice Geral

- XV. *El verbo* (O verbo) 162
- *Las conjugaciones* 162
- Terminações pessoais 163
- Pessoa e número dos *verbos* 164
- *Modos y tiempos verbales* 165
- Tempos do *Indicativo* 169
- Tempos do *Subjuntivo* 171
- O *Imperativo* 172
- Aspecto 173
- Tipos de *verbos* 173
- Conjugação regular 174
- Verbos auxiliares 177
- *Haber* 178
- *Ser* 180
- Verbos na *Voz Pasiva* 189
- Verbos *reflexivos: lavarse* 195
- Verbos pronominais 198
- Verbos irregulares 198
- Irregularidades do tema do *Presente* 199
- Irregularidades do tema do *Pretérito* 235
- Irregularidades do tema do *Futuro* e do *Pospretérito* 238
- Verbos que modificam a grafia 238
- *Verbos defectivos* 239
- *Verbos impersonales* 241
- Em contraste com o português 241

- XVI. *La preposición* (A preposição) 245
- Uso das *preposiciones* em espanhol 246
- Locuções preposicionais 251
- Em contraste com o português 252

- XVII. *La conjunción* (A conjunção) 259
- Em contraste com o português 261

- XVIII. *La interjección* (A interjeição) 263

- XIX. *Los adverbios* (Os advérbios) 264
- Classificação dos *adverbios* 264
- *Adverbios* de uso mais frequente 265
- Algumas particularidades dos *adverbios de lugar* 266
- Algumas particularidades dos *adverbios de tiempo* 271
- Algumas particularidades dos *adverbios de modo* 273
- Algumas particularidades dos *adverbios de intensidad* 276
- Algumas particularidades dos *adverbios de afirmación* 278
- Algumas particularidades dos *adverbios de negación* 278
- Algumas particularidades dos *adverbios de duda* 279
- Algumas particularidades dos *adverbios de relación* com o já mencionado 279
- Grau do *adverbio* 280
- Em contraste com o português 281

- XX. *La oración gramatical* (A oração gramatical) 284
- *Oraciones simples* 285
- *Oraciones compuestas* 290
- *Oraciones coordinadas* 290
- *Oraciones subordinadas* 292

- XXI. *Refranes* (Provérbios) 297

Índice Remissivo 302

Signos ortográficos
(Sinais de pontuação)

,	la coma	.	el punto
;	el punto y coma	" "	las comillas
:	los dos puntos	...	los puntos suspensivos
( )	el paréntesis	ü	la diéresis
[ ]	los corchetes	-	la raya, guión corto o largo
¿?	la interrogación	¡!	la admiración

NOTA: em espanhol é absolutamente imprescindível escrever o sinal de exclamação ou de interrogação no começo e no final das frases exclamativas e interrogativas.

I. El alfabeto español
(O alfabeto espanhol)

Maiúscula	Minúscula	Nome	Transcreve...
A	a	*a*	...o fonema vocálico /a/ com ou sem acento e em qualquer lugar do grupo fônico: *ama, pala*.
B	b	*be*	...o fonema consonantal bilabial oclusivo /**b**/ ou fricativo /β/: *baba, caber, objeto*.
C	c	*ce*	...acompanhado de **e, i** no início ou no meio da palavra, o fonema consonantal interdental fricativo /θ/ parecido ao do inglês *Thin*: *cena, hacen, ciego, vacío* (na Andaluzia, Canárias e América hispânica, a pronúncia deste fonema neste contexto se confunde com a do fonema alveolar fricativo surdo /**s**/ como o ç do português em caça). ...acompanhado de **a, o, u**, formando sílaba ou começo de sílaba no início ou no meio da palavra, representa o fonema consonantal velar surdo /**k**/: *cana, barca, cono, saco, cuenca, escuela*; também quando é a última letra da sílaba, no meio ou no final da palavra: *acto, lector, dictado, octógono, estructura, tictac*; e também quando precede **l** ou **r** seguidos de qualquer vogal, formando os três fonemas sílaba ou começo de sílaba, no início ou no meio da palavra: *clamor, ancla, clero, teclear, clima, inclinar, cloro, ciclo, clueca, incluso, cráter, ácrata, crecido, incrépalo, crisol, acrisolar, cronómetro, lucro, cruzada, incrustar*.

El alfabeto español/O alfabeto espanhol

Maiúscula	Minúscula	Nome	Transcreve...
Ch	ch	*che*	...o fonema consonantal palatal africado surdo /**c**/, como o do italiano em *bacio* ou o do português do Brasil em *tchau*, sempre aparece no início da sílaba: *chino, lecho*. Observe-se que, mesmo sendo duas letras diferentes, representam um único fonema.
D	d	*de*	...o fonema dental oclusivo /**d**/ ou fricativo /δ/ sonoro: *déme, dedo, salud*.
E	e	*e*	...o fonema vocálico médio anterior /**e**/: *pesa, pesado, rejón, estable*.
F	f	*efe*	...o fonema consonantal labiodental fricativo surdo /**f**/: *fama, enfocar*.
G	g	*ge*	...acompanhado de **e, i**, o fonema velar fricativo surdo /**x**/, que tem certa semelhança na pronúncia com a do **h** em inglês em *he, honey*, porém, em espanhol, é mais tenso e geralmente não é aspirado: *genial, agitar*; ...o fonema consonantal velar sonoro oclusivo /**g**/ ou fricativo /γ/ agrupado com **u** (gu-) acompanhado de **e, i**, formando com elas sílaba ou começo de sílaba, no início ou no meio da palavra: *guerrear, aguerrido, guitarra, Aguinaldo*; ...acompanhado de **a, o, u**, no início ou no meio da palavra; ...acompanhado de **l** ou **r** seguidos de qualquer vogal, com as que formam sílaba ou começo de sílaba, no início ou no meio da palavra: *gladiolo, regla, gleba, regleta, glicinia, anglicanismo, glotonería, anglófilo,*

Maiúscula	Minúscula	Nome	Transcreve...
			glucosa, aglutinar, gravedad, agravar, gresca, agregado, grito, agriado, grotesco, agrónomo, grumete, agrupado; também quando é a última letra da sílaba, normalmente no meio da palavra, antes de sílaba que comece por **m** ou **n**, raramente antecede outra consoante ou está no melo da palavra: *agnóstico, digno, magno*.
H	h	*hache*	Não representa nenhum fonema no espanhol geral de hoje. Antigamente transcrevia, e transcreve ainda hoje na fala vulgar de algumas regiões dialetais, um fonema cuja articulação consiste numa aspiração faríngea surda ou sonora.
I	i	*i*	...o fonema vocálico alto anterior /i/: *viva, visto*.
J	j	*jota*	...o fonema consonantal velar fricativo surdo /x/ (ver **g**) acompanhado de qualquer vogal: *jaspe, hoja, joya, ojo, junio, ajusticiado*; também quando é a última letra da sílaba no final de palavra em poucas ocasiões: *carcaj, boj, reloj*.
K	k	*ka*	...o fonema consonantal velar fricativo surdo /k/. Este grafema se usa em poucas palavras que procedem do grego ou do alemão: *kilogramo, kilociclo, kilómetro, kilovatio, kantiano, krausista*.
L	l	*ele*	...o fonema consonantal alveolar lateral sonoro /l/: *lodo, cálido, calzón, alto, respaldo, toldo*.

El alfabeto español/O alfabeto espanhol

Maiúscula	Minúscula	Nome	Transcreve...
Ll	ll	*elle*	...o fonema palatal lateral sonoro /λ/, no início da sílaba acompanhado de vogal: *llave, calle*; ...em muitos lugares da geografia hispânica, o fonema consonantal linguopalatal central sonoro /ǰ/, ou seja, nessas zonas ambos os fonemas se unificaram, o que não significa que sua ortografia mude; não se escreve *yave** e sim *llave*, mesmo que se pronuncie com /ǰ/; ...no espanhol rioplatense também se unificaram ambos os fonemas (ver **y**).
M	m	*eme*	...o fonema consonantal bilabial nasal sonoro /**m**/: *marzo. amante*; ...e também o alofone do fonema consonantal nasal /**n**/ quando, no meio da palavra, antecede /p/ ou /b/ sempre que esteja transcrito com **b**; ou seja. escreve-se *ambos, ámbar*, mas *invitar*. Quando se trata da última letra da palavra, escrevem-se com **m** latinismos como *maremágnum, ultimátum, álbum*; no entanto, a pronúncia espanhola não admite [m] final antecedendo pausa, e esta é substituída, salvo raras exceções, pelo som de /**n**/.
N	n	*ene*	...o fonema consonantal alveolar nasal sonoro /**n**/, qualquer que seja sua articulação, exceto nos casos já comentados no **m**: *nene, encima, cuenta, banda, anclar, manga, sangrar, angelical, informar, ancho, conllevar*.
Ñ	ñ	*eñe*	...o fonema consonantal palatal nasal sonoro /η/: *niño*.

Maiúscula	Minúscula	Nome	Transcreve...
O	o	*o*	...o fonema vocálico médio posterior /**o**/: *olor, corro*.
P	p	*pe*	...o fonema consonantal bilabial oclusivo surdo /**p**/: *papa, pipa*. Para os casos em que aparece agrupado com **s, n, t**, é necessário dizer que o *Diccionario de la Academia* de 1956 simplificou esses grupos consonantais eliminando da ortografia o **p**, que só aparece em pronúncia culta, ou seja, é possível escrever *psicología* ou *sicología, pneuma* ou *neuma,* porém o próprio dicionário dá a entender em artigo separado que prefere as formas tradicionais com **p**.
Q	q	*cu*	...acompanhado de **e** ou **i**, formando sílaba ou começo de sílaba, o fonema velar surdo /**k**/, sempre agrupado com **u** (qu), porque esta letra nunca se usa isolada em espanhol: *quitar, Paquito, querer, pequeño*.
R	r	*ere o erre*	...em posição intervocálica dentro da palavra, como começo de sílaba, qualquer que seja a vogal que a antecede ou a que sucede, o fonema consonantal alveolar vibrante simples /**r**/: *parar, perol, poros*. Também depois de uma consoante labial, dental ou velar e depois da labiodental **f**, formando com ela sílaba no início ou no meio da palavra, depois de vogal ou consoante: *brisa, pronto, dramático, trotar, gritar, cromo, frutos; cabra, lepra, pudre, atrasado, ogro, sacro, cifra; hombre, comprado, saldrán, control, ingrata, sepulcral, en-*

El alfabeto español/O alfabeto espanhol

Maiúscula	Minúscula	Nome	Transcreve...
			frentar. E também quando é a última letra da sílaba no meio ou no final da palavra: *árbol, arpón, argolla, parca, armar, dolor*; ...no início da palavra antes de vogal ou em começo de sílaba interior de palavra depois da última letra da sílaba (com **b, l, n, s**), o fonema consonantal, alveolar vibrante múltiplo sonoro /r/: *rota, ratón, retoño, subrayado, alrededor, honra, desratizar*. Para representar este mesmo fonema /r/ no interior da palavra, é preciso escrever a letra **rr**: *berro, barra, burro*.
S	s	*ese*	...o fonema consonantal alveolar fricativo /s/: *sala, sola, casa*, como o do português em *s*ala, profe*ss*or.
T	t	*te*	...o fonema consonantal dental oclusivo surdo /t/: *tutear, atizar*.
U	u	*u*	...o fonema alto posterior /**u**/: *mudo, turrón, lujo, turno, hueso, cauce*. Quando aparece entre a letra **g** e a letra **e** ou **i**, pertencentes à mesma sílaba (güe, güi), ou seja, quando **gü** transcreve dois fonemas /g/ e /u/, e não um, como no caso de **gu** em *guerra, guía*, usa-se o trema (ü) para indicar que os dois fonemas devem ser pronunciados: *agüero, lingüista* frente a *liguero* (observe também a diferença com *ligero*); *güito* frente a *guita*.
V	v	***uve***	...o fonema consonantal bilabial sonoro /b/ (ver **b**): *ven, invierno*.

Maiúscula	Minúscula	Nome	Transcreve...
W	w	*uve doble*	...em pouquíssimas palavras, especialmente em nomes próprios estrangeiros, o fonema /w/: *Wamba, Waterloo, wolframio* (também *volframio*). É uma letra que não pertence ao alfabeto latino e de escasso uso em espanhol.
X	x	*equis*	...um grupo de doi fonemas /ks/. É a única letra do alfabeto que tem esta característica. Quando aparece em posição intervocálica, o primeiro fonema é a última letra da sílaba, e o segundo, início da sílaba seguinte: *sexo, axioma*. Quando o **x** aparece imediatamente antes de uma consoante, os dois fonemas de /ks/ pertencem a uma mesma sílaba: *extremo, expediduría*. Ocorre o mesmo quando /ks/ está no final da palavra: *Félix, fénix*.
Y	y	*i griega*	...o fonema vocálico /i/ na conjunção **y**: Pedro y Rafael; ...o /i/ semivocálico final das palavras com acento de intensidade, sejam palavras de uma só sílaba ou agudas, terminadas nos ditongos /ái/, /éi/, /ói/ sem ser a última letra da sílaba: *hay, guirigay, ley, virrey, doy*; ...o fonema consonantal palatal sonoro /ǰ/, parecido ao do inglês em *gentleman,* ou o italiano de *gentile*: *yacer, yegua, yo, yuca, ayer, cónyuge*; ...no espanhol rio-platense, um som fricativo palatal central sonoro (em alguns falantes surdo) vibrante [ʒ], parecido ao do português em *janeiro* (ou em *chato* no caso da variante surda).

El alfabeto español/O alfabeto espanhol

Maiúscula	Minúscula	Nome	Transcreve...
Z	z	*zeda* *o zeta*	...antes das vogais **a**, **o**, **u** (e também com **e**, **i**, porém em poucas ocasiões) formando sílaba ou começo de sílaba com elas, tanto em posição inicial como em posição interior, o fonema consonantal interdental fricativo /θ/: *zorza, zoo, zurdo, cazo, gozar, azules, zéjel, enzima*. Também quando é a última letra de sílaba final ou interior de palavra, qualquer que seja a vogal que a antecede: *paz, nazca, pez, palidezco, perdiz, izquierdo*. Como já foi comentado na maior parte da Andaluzia, nas Ilhas Canárias e na América do Sul esse fonema se confunde com /s/ na pronúncia: *casa* = *caza*, som semelhante ao português *caça*.

II. *Reglas ortográficas*
(Regras ortográficas)

Regras de acentuação
Acentos

É necessário indicar com acento ortográfico a sílaba acentuada ou tônica:
- Nas palavras *agudas* ou *oxítonas* que terminam em **vogal**, ou **n**, ou **s**: *oirá, canción, compás etc.*
- Nas *llanas* ou *paroxítonas*, quando terminam em consoante que não seja nem **n** nem **s**: *lápiz, mármol, carácter etc.*
- Em todas as palavras *esdrújulas* ou *proparoxítonas*: *típico, cólico, pregúntaselo etc.*
- As palavras de uma só sílaba não são acentuadas. No entanto, como existem algumas palavras monossílabas iguais mas com funções diferentes, para distingui-las coloca-se um acento diacrítico (*tilde diacrítica*) em uma delas. Os monossílabos acentuados são:

mí (pronome): *A mí no me dijeron nada.*
tú (pronome): *Tú dirás lo que hacemos.*
él (pronome): *Es importante para él.*
sí (pronome): *Sólo se quiere a sí mismo.*
sí (afirmação): *Pues sí que estamos bien.*
sé (saber ou ser): *No sé de qué hablas.*
té (nome): *El té se sirve a las cinco.*
dé (dar): *Dile que te lo dé ahora mismo.*
más (quantidade): *Ya no tengo más tiempo.*
aún (= todavía): *Aún no ha llegado el tren.*

Em contraste, os monossílabos não acentuados são:

mi (possessivo): *Mi casa está lejos.*

Reglas ortográficas/Regras ortográficas

tu (possessivo): *Tu hermana está ahí.*
el (artigo): *El día amaneció nublado.*
si (conjunção): *Si vienes te lo daré.*
se (pronome): *Se va a Brasilia.*
te (pronome): *Te lo advertí.*
de (preposição): *Era de esperar.*
mas (= *pero*): *Lo haré, mas no por gusto.*
aun (= *incluso*): *Aun sabiéndolo no vino.*

- Há palavras polissílabas que também são acentuadas desta forma (com a *tilde diacrítica*) para indicar a função que desempenham:
  - As palavras *que, quien, quienes, cual, cuales, cuanto, cuanta, cuantos, cuantas* são acentuadas quando funcionam como pronomes ou adjetivos exclamativos ou interrogativos: *¡Qué frío hace!, ¿Qué traes ahí?, No sé de qué te quejas* (mas: *Quiero que lo entiendas, El chico que me presentaste me cayó muy bien*), *¿Quién está ahí? ¡Quién estuviera en Asturias!, Mira a ver quién ha venido* (mas: *Díselo a quien quieras*); *¡Cuánto tiempo sin verte!, ¿Cuánto es?, Adivina cuánto me va a costar el coche* (mas: *Hemos de terminarlo cuanto antes*) etc.
  - As palavras *donde, adonde, cuando, como* são acentuadas quando funcionam como pronomes exclamativos ou interrogativos: *¡Cómo ha crecido esta niña!, ¿Cómo te llamas?* (mas: *Como no te des prisa, vas a perder el tren*).
  - *Por que* é acentuado quando é interrogativo, ou seja, quando equivale a *¿Por qué razón?*; *¿Por qué me dices eso?*. Não é acentuado quando funciona como pronome relativo, quando equivale a *por el cual, por la cual, por los cuales, por las cuales*: *La razón por que se casó con él está clara.*
  - *Porque* é acentuado quando é substantivo, quando significa a causa, o motivo: *Del porqué de esta situación hay que responsabilizar al Gobierno.* Não é acentuado quando é conjunção, quando encabeça a resposta a uma pergunta ou quando pode

ser substituído por *ya que, puesto que: No he venido antes, porque estaba lloviendo.*
- *Solo* é acentuado quando equivale a *solamente*, desde que haja possibilidade de confusão ou ambiguidade: *Estaré solo mañana en mi casa.* (Estarei sozinho amanhã em minha casa) / *Estaré sólo mañana en mi casa* (Estarei somente amanhã em minha casa).
- *Este, ese, aquel, estos, esos, aquellos, esta, esa, aquella, estas, esas* e *aquellas* devem ser acentuados quando funcionam como pronomes, mas só se houver possibilidade de confusão: *Trae ésta alegría y aquélla tristeza* (mas: *Trae esta sólo alegría y aquella sólo tristeza*).
- Nos ditongos e tritongos, que devem ser acentuados, de acordo com as regras gerais, a vogal mais forte (**a**, **e**, **o**) é a que deve ser acentuada: *Paráis, miércoles, averiguáis*. Se as duas vogais são fracas (**i**, **u**), o acento deverá cair sobre a última, desde que as regras gerais assim o determinem: *Lingüístico.*
- No caso de hiato (quando uma vogal forte e outra fraca aparecem juntas, mas pertencem a sílabas diferentes), a vogal fraca sempre será acentuada, não importando se obedece ou não às regras gerais: *había, pastelería, país, río, acentúa, pedíais, veníais* etc. Se o hiato é formado por duas vogais fortes, a acentuação será feita de acordo com as regras gerais: *Jaén, caen, caótico, caoba.*
- Cada um dos elementos de palavras compostas que apresentam hífen manterá seu acento. Quando não o há, a primeira palavra perde seu acento e a segunda o mantém: *decimoséptimo, tiovivo* etc. No entanto, os advérbios derivados de adjetivos terminados com o sufixo *-mente* mantêm o acento do adjetivo primitivo: *cálidamente, cortésmente* etc. O acento também se conserva nas formas verbais, mesmo com a presença de pronomes enclíticos: *déme, démelo* etc. As formas

verbais não acentuadas, quando convertidas em palavras proparoxítonas por pronomes enclíticos, passam a ser acentuadas: *dáselo*, *pídeselo* etc.; por outro lado, as formas verbais perdem o acento quando a elas se acrescenta algum outro complemento com o fim de formar palavra composta: *sabelotodo*, *metomentodo* etc.

- Por último, observe-se que o **h**, no espanhol de hoje, não tem valor fônico, portanto todas as regras de acentuação referentes a hiatos devem ser seguidas sem considerar esse grafema; desta forma: *búho* (da mesma forma que *dúo*).

Em contraste com o português:

— O espanhol tem só um sinal de acentuação: [´], enquanto o português tem também [^], [`] e [~]. Por outro lado, em espanhol o sinal serve exclusivamente para indicar a sílaba com acento de intensidade (sílaba tônica), enquanto em português alguns sinais indicam o timbre da vogal tônica ou sua nasalidade; por isso nenhuma palavra espanhola pode ter mais de uma vogal acentuada. Já em português, algumas palavras apresentam dois acentos ortográficos ou ainda um acento numa sílaba que não é a sílaba tônica: ímã, boêmia. Não devem ser confundidos com acentos outros sinais que se escrevem em espanhol. O **ñ**, por exemplo, é o grafema que representa o som palatal nasal sonoro que em português é representado com **nh** e em francês com **gn**; ou ainda o **ü** que aparece entre **g** e **e** ou **i** para indicar que este **u** é pronunciado: *cigüeña* (diferente de *trigueña*, onde o **u** não é pronunciado e serve somente para indicar que o **g** deve ser pronunciado como gutural fricativo sonoro, como gato em português).

— O tratamento dos hiatos em espanhol segue regras diferentes do português: *río* / rio. Para exemplificar, podemos dizer que em espanhol daríamos um presente de casamento à *secretaria*,

não à *secretaría*; enquanto em português daríamos o presente à *secretária* e não à *secretaria*.
— Há algumas palavras que em espanhol têm o acento de intensidade em uma sílaba e em português em outra:

Espanhol	Português
ac*ede*mia	acad**emi**a
ac*ró*bata	acro**ba**ta
A*de*la	**Á**dela
aero*li*to	ae**ró**lito
al*bú*mina	albu**mi**na
alco**hol**	**ál**cool
aler*gia*	aler**gi**a
al*guien*	al**guém**
a*ló*fonos	alo**fo**nes
al*qui*mia	alqui**mi**a
a*ma*go	**â**mago
amal*ga*ma	a**mál**gama
ana*te*ma	a**ná**tema

*anéc*dota	ane**do**ta
*ane*mia	ane**mi**a
*aneste*sia	aneste**si**a
*ano*dino	an**ó**dino
*arie*te	ar**í**ete
*aristo*cracia	aristo**cra**cia
*aristó*crata	aristo**cra**ta
*ár*nica	ar**ni**ca
*arque*tipo	ar**qué**tipo
*asep*sia	as**sep**sia
*asfi*xia	as**fi**xia
*aste*nia	aste**ni**a
*atmós*fera	atmos**fe**ra
*atro*fia	atro**fi**a
*biga*mia	biga**mi**a
*bohe*mia	boê**mi**a

burócrata	burocrata
cábala	cabala
canguro	canguru
caníbal	canibal
cartomancia	cartomancia
cerebro	cérebro
cíclope	ciclope
cóndor	condor
cóctel	coquetel
cráter	cratera
crisantemo	crisântemo
chasis	chassi
chófer	chofer
Dios	Deus
democracia	democracia
demócrata	democrata
difteria	difteria
diplomacia	diplomacia
dislexia	dislexia
dispar	díspar
dispepsia	dispepsia

Reglas ortográficas/Regras ortográficas 29

edén	éden
Edipo	**É**dipo
élite	elite
elogio	elo**g**io
enclisis	ên**c**lise
epidemia	epide**mia**
error	erro
Estefanía	Este**fâ**nia
estereotipo	estere**ó**tipo
Etiopía	Eti**ó**pia
etnia	et**n**ia
euforia	eufo**r**ia
fagocito	fa**gó**cito
filántropo	fila**ntro**po
fisioterapia	fisiotera**pi**a
Florida	**Fl**órida
fobia	fo**bi**a
formica	**fó**rmica
fotofobia	fotofo**bi**a
gaucho	ga**ú**cho
hemofilia	hemofi**li**a
hemorragia	hemo**rra**gia
héroe	her**ói**
hidrofobia	hidrofo**bi**a

hidrógeno	hidrogênio
hidroterapia	hidroterapia
hipertrofia	hipertrofia
histeria	histería
homeópata	homeopata
idiosincrasia	idiossincrasia
imán	ímã
imbécil	imbecil
impar	ímpar
lacrimógeno	lacrimogêneo
leucocito	leucócito
lila	lilás
límite	limite
liturgia	liturgia
Lucia	Lúcia
Lucifer	Lúcifer
magia	magia
Maite	Maitê
maquinaria	maquinaria
mediocre	medíocre
metalurgia	metalurgia
metro	metrô
micrófono	microfone
miope	míope

mis*án*tropo	misan**tro**po
mi*sil*	**mí**ssil
mono*ga*mia	monoga**mi**a
neu*ral*gia	neural**gia**
neuras*te*nia	neuraste**nia**
neu*trón*	**nêu**tron
ni*vel*	**ní**vel
nos*tal*gia	nostal**gia**
Ocea*nía*	Oce**â**nia
o*me*ga	**ô**mega
ortope*dia*	ortope**dia**
*ó*valo	o**va**lo
o*xí*geno	oxi**gê**nio
*pál*pito	pal**pi**te
pan*ta*no	**pân**tano
pa*rá*lisis	parali**sia**
pa*rá*sito	para**si**ta
Pe*ga*so	**Pé**gaso
pe*nal*ti	**pê**nalti
penitencia*ría*	penitenci**á**ria
pen*sil*	**pên**sil
*Pe*ricles	**Pé**ricles
peri*ne*o	pe**rí**neo
pe*ri*plo	**pé**riplo

peritoneo	peritônio
peroné	perônio
píloro	piloro
pívot	pivô
plétora	pletora
plutocracia	plutocracia
policía	polícia
polícromo	policromo
políglota	poliglota
polisemia	polissemia
porno	pornô
proclisis	**próclise**
profilaxia	profilaxia
proyectil	projétil
protón	**próton**
prototipo	protótipo
psicópata	psicopata
púdico	pudico
periferia	periferia
quiromancia	quiromancia
reina	rainha
rallye	rali
ratón	rato
régimen	regime
reptil	réptil

reverbero	revérbero
ricino	rícino
rúbrica	rubrica
ruido	ruído
Salónica	Salonica
sarampión	sarampo
siderurgia	siderurgia
síntoma	sintoma
taquicardia	taquicardia
tauromaquia	tauromaquia
teléfono	telefone
télex	telex
terapia	terapia
textil	têxtil
tráquea	traqueia
trolebús	tróleibus
tulipán	tulipa
tuétano	tutano
uremia	uremia
uréter	ureter
vaina	bainha
vitriolo	vitríolo
xenofobia	xenofobia
zenit (ou cenit)	zênite

REGRAS DO Z

NOTAS:

a) Em algumas palavras escreve-se *z* antes de *e*, *i*, em vez de *c*:
enzima, zigzag, Nueva Zelanda

b) Seus derivados mantêm a letra *z*:
zigzaguear, neozelandés

c) Em algumas palavras este fonema pode aparecer representado tanto com *z* como com *c* antes de *e*, *i*:
ceta-zeta   cinc-zinc

REGRAS DO Z NO FINAL DA PALAVRA

Escreve-se *z* no final da palavra:

1. Quando as palavras formam o plural em *ces*:

nuez-nueces   perdiz-perdices

2. Na segunda pessoa do singular do imperativo do verbo *hacer*:

haz

3. Em alguns nomes próprios:

Pérez   Gómez   Cádiz

REGRAS DO D NO FINAL DA PALAVRA

Escreve-se *d* no final da palavra:

Reglas ortográficas/Regras ortográficas

1. Nos substantivos e adjetivos cujo plural termina em ***des***:

   pared-paredes   *abad-abades*

2. Na segunda pessoa do plural do imperativo de todos os verbos:

   comed   *salid*

3. Em alguns nomes próprios:

   David   *Madrid*   *Valladolid*

REGRAS DO *Y*

Escreve-se *y*:

1. Na conjunção *y*:

   coches y bicicletas

2. No começo da palavra seguido de vogal:

   yema   *yeso*

3. Quando é seguido por vogal ou entre duas vogais:

   conyuge   *hoyo*

4. No final da palavra depois de uma vogal com a qual forma **ditongo** ou **tritongo**:

   estoy   *buey*

NOTAS:

a) Quando o final destas palavras se forma com *es*, conserva-se o *y*:

buey-bueyes

b) Quando se forma plural com *s*, o *y* transforma-se em *i*:

jersey-jerséis

5. As formas verbais em que aparece o som de *y* que no infinitivo não possuam nem *y* nem *ll* e tenham o som de *y*:

   construir-construyó.

REGRAS DO *R* E DO *RR*

Como já vimos, a letra *r* pode representar dois fonemas: o consonantal alveolar vibrante simples *(pera)* e o múltiplo *(perra)*.

1. O simples sempre é representado por *r*:

   tirar   torero

2. O múltiplo pode ser representado por *r* ou por *rr*.

   A. Escreve-se *r*:

      a) No início da palavra: *rana, risa, roca.*

      b) Depois de *l, n, s*: *alrededor, Enrique, Israel.*

      c) No final da sílaba: *armador, llenar.*

      d) Depois de uma consoante que esteja na mesma sílaba: *presentar, fruta, atraer.*

   B. Escreve-se *rr*:

   Entre duas vogais: *perro, carro, burro.*

Reglas ortográficas/Regras ortográficas

REGRAS DO *B*

Escrevem-se com *b*:

1. Os verbos *haber, deber, beber, caber, saber* e *sorber*.

2. Os verbos terminados em *-bir* no infinitivo como *escribir, recibir,* exceto *hervir, servir* e *vivir*.

3. As terminações do **Pretérito Imperfecto de Indicativo** dos verbos da 1.ª conjugação (em *ar*) e do verbo *ir*:

   cantaban   íbamos

4. As palavras que começam com *bibl-, bu-, bus-* e *bur-*:

   Biblia, butano, burgués, buscador

5. As palavras terminadas em *-bundo, -bunda* e *-bilidad*, exceto *movilidad* e *civilidad*:

   contabilidad, moribundo

6. Quando o fonema *b* é seguido de outra consoante:

   abstracto, obvio

7. Todas as sílabas que possuam *bra, bre, bri, bro, bru, bla, ble, bli, blo, blu.*

8. Nos seguintes prefixos:

   bene- = *bien* : *beneplácito*
   bi-, bis-, biz- = *dos* : *bimotor, bisnieto*
   bio- = *vida* : *biología, biografía*

REGRAS DO *V*

Escrevem-se com *v*:

1. Todos os adjetivos terminados em *ave, eve, avo, evo, ivo* que sejam palavras paroxítonas:
   suave, octavo, leve

2. As formas do tema do *presente* do verbo *ir*:
   voy, vamos

3. As palavras que começam com *villa*:
   villano, Villalba

4. As palavras com prefixos: *vice-, viz-, vi-* (= *en lugar de*):
   vicedirector

5. As palavras que começam com *ll* seguido do fonema /b/:
   lluvioso   llavero

6. As palavras que começam com a sílaba *di* seguida deste som:
   divulgar   división

7. As palavras terminadas em *-viro, -vira, -ívoro, -ívora*, exceto *víbora*

8. As palavras com esse fonema depois de *b* ou *d*:
   obvio   adverso

9. As formas dos verbos que no infinitivo não possuam esse fonema:
   tener = tuve   estar = estuve

Reglas ortográficas/Regras ortográficas

Palavras <u>homônimas</u> com as letras *b* e *v*

baca: portamaletas
vaca: animal
bacía: vasija de barberos
vacía: sin contenido
balido: sonido de la oveja
valido: del verbo valer; favorito de otra persona
balón: pelota
valón: de una región de Bélgica y Holanda
barón: título de nobles
varón: de sexo masculino
basto: palo de la baraja, rudo
vasto: extenso
baya: fruto de plantas
vaya: del verbo ir
bello: hermoso
vello: pelo suave y corto
bobina: rollo de hilo
bovina: relativa a la vaca
botar: saltar, echar agua
votar: echar el voto
grabar: registrar música, marcar
gravar: poner impuestos
sabia: con sabiduría
savia: líquido de las plantas
silba: del verbo silbar
silva: composición poética
tubo: pieza larga hueca y cilíndrica
tuvo: del verbo tener

Palavras com *b* em espanhol e *v* em português:

Os imperfeitos do indicativo terminados em *-aba* como *cantaba*, *amaba* etc., escrevem-se com *b* em espanhol e com *v* em português: cantava, amava.

As seguintes palavras escrevem-se com *b* em espanhol e com *v* em português:

absorber	absorver
albo	alvo
alborada	alvorada
árbol	árvore
aprobar	aprovar
barrer	varrer
barniz	verniz
bellaco	velhaco
bizco	vesgo
bulto	vulto
cobarde	covarde
cribar	crivar
deber	dever
describir	descrever
escribir	escrever
gobierno	governo
grabar	gravar
haber	haver
labrador	lavrador
libro	livro
palabra	palavra

probar	provar
probeta	proveta
resbalar	resvalar
sobaco	sovaco
sorber	sorver
silbar	silvar
trabar	travar

Palavras com *v* em espanhol e *b* em português:

vainilla	baunilha
vaina	bainha
vajilla	baixela

REGRAS DO *G* ANTES DE *E, I*

Como já vimos, o fonema /x/ pode ser escrito com *g* ou *j*, antes de *e* ou *i*.

Escreve-se *g* antes de *e, i*:

1. Nas palavras que começam com *geo-, gest-, gene-, geni-, gem-, legi-* e *legis-*:
   geología, gesticular, general, genital, gemido, legítimo, legislar

2. Nas palavras que possuem a sílaba *gen*:
   origen, gente

   Exceto: *avejentar* (de *viejo*) = tornar velho

3. Nas palavras terminadas por *-geno, -gena, -gía, -gío, -gión*:
   oxígeno, indígena, nostalgía, regío, religión
   Exceto: *ajeno, ajena, berenjena*

4. Nas palavras terminadas por *-logía, -lógico, -lógica*:
   biología, morfológico, pedagógica

5. Nas formas dos verbos que acabam em *-ger, -gir* ou *-giar*:
   recoger, dirigir, prestigiar

6. No final da sílaba:
   mag-ní-fi-co

Escreve-se *j*:

1. Quando as palavras começam com *aje-* ou *eje-*: *ajeno, ejecutar*.
   Exceto *agenda, agencia* e derivados

2. Nos substantivos terminados em *-aje, -eje* e *-jería*:
   ramaje, hereje, relojería

3. Nas formas verbais cujo infinitivo não possua *g* nem *j*:
   decir = dije   traer = traje

Palavras com *j* em espanhol e *g* em português:

coraje	coragem
extranjero	estrangeiro
follaje	folhagem
hereje	herege

homenaje	homenagem
lenguaje	linguagem
maquillaje	maquilagem
monje	monge
paisaje	paisagem
porcentaje	porcentagem
salvaje	selvagem
viaje	viagem

REGRAS DO *H*

Escrevem-se com **h**:

1. As palavras formadas com os prefixos *hidr-, hiper-, hipo-, hosp-*:

    hidrógeno, hipermercado, hipopótamo, hospital

2. Todas as palavras que começam com os ditongos *ia-, ie-, ue-*:

    hiato, hierro, huevo

3. As palavras que começam com *herm-, holg-, horm-, horr-, hum-*:

    hermoso, holgazán, hormiguero, horroroso, húmedo

4. As palavras compostas com estes prefixos:

    hecto- = *cien*: *hectómetro*
    helio- = *sol*: *heliógrafo*
    halo- = *sal*: *halógeno*
    hem- = *sangre*: *hematíes*
    hemi- = *mitad*: *hemisferio*
    hepta- = *siete*: *heptasílabo*

hetero- = *diferente: heterogéneo*
hexa- = *seis: hexágono*
homo- = *igual: homologar*

5. As formas dos verbos que possuem ***h*** no infinitivo:

    había, hice

6. Muitas palavras apresentam ***h*** intercalado por pertencer a uma família de palavras que se escrevem com ***h***:

    in+hábil   des+hacer   en+hebrar

7. Muitas interjeições:

    ah, eh, oh, hola, huy, hurra

Palavras escritas com *h* em espanhol e sem *h* em português:

De modo geral, podemos afirmar que em espanhol começam com ***h*** todas as palavras de origem latina que em português começam com ***f***: *harina* (farinha), *hijo* (filho), *hoguera* (fogueira).
Há também outras palavras que se escrevem com ***h*** em espanhol e sem ***h*** em português.

hallar	achar
hermano	irmão
hierba	erva
hinchar	inchar
hombro	ombro
hueco	oco
huérfano	órfão
hueso	osso
huevo	ovo

humedecer	umedecer
húmedo	úmido
húmero	úmero
hurra	urra

Palavras que apresentam *h* intercalado em espanhol e em português não:

adherente	aderente
adhesión	adesão
adhesivo	adesivo
ahí	aí
anhelar	anelar
bahía	baía (marinha)
bohemio	boêmio
coherencia	coerência
cohesión	coesão
cohibir	coibir
deshabitado	desabitado
deshidratado	desidratado
deshonesto	desonesto
deshonra	desonra
deshumano	desumano
exhalar	exalar
exhaustivo	exaustivo
exhibir	exibir
inhábil	inábil
inhalar	inalar
inhumano	inumano
prohibir	proibir
rehabilitar	reabilitar
subhumano	subumano
vehemencia	veemência
vehículo	veículo

Palavras com -*n* (final) em espanhol e -*m* (final) em português:

Em geral, todas as palavras que apresentam esse fonema no seu final são escritas com *n* em espanhol e com *m* em português:

atún	atum
bien	bem
común	comum
con	com
en	em
fin	fim
harén	harém
motín	motim
orden	ordem
son	som
un	um
vaivén	vaivém

Em espanhol há poucas palavras terminadas por -*m*. Trata-se de cultismos de origem latina:
referendum, curriculum, ultimatum

Palavras com *x* em espanhol e *s* em português:

excavación	escavação
excusa	escusa
exento	isento
experto	esperto
expoliación	espoliação
exprimir	espremer
exquisito	esquisito
extender	estender
extranjero	estrangeiro
extraño	estranho
mixto	misto

Reglas ortográficas/Regras ortográficas

Palavras com *c* em espanhol e *q* em português:

casi	quase
cincuenta	cinquenta
cual	qual
cualidad	qualidade
cuando	quando
cuanto	quanto
cuarenta	quarenta
cuatro	quatro
cuestión	questão
cuota	quota
locuaz	loquaz
secuencia	sequência

Palavras com *c* em espanhol e *z* em português:

bronce	bronze
catorce	catorze
cebra	zebra
céfiro	zéfiro
celador	zelador
celo	zelo
cenit (ou *zenit*)	zênite
cerbatana	zarabatana
cero	zero
decena	dezena
diciembre	dezembro
diecinueve	dezenove
dieciocho	dezoito
dieciséis	dezesseis
diecisiete	dezessete
doce	doze
docena	dúzia

doscientos	duzentos
once	onze
producir	produzir
quince	quinze
trece	treze
trescientos	trezentos
vecino	vizinho

Palavras que se escrevem separadas em espanhol e juntas em português:

al final	afinal
a pesar	apesar
a través	através
con todo	contudo
de balde	debalde
de prisa	depressa
de veras	deveras
en fin	enfim
por tanto	portanto
si no	senão
sobre todo	sobretudo
tal vez	talvez

III. *El sustantivo y sus complementos*
(O substantivo e seus complementos)

O *sustantivo* é uma classe de palavras que serve para nomear seres ou objetos ou para representá-los; tanto os *tangibles*, isto é, os que podemos tocar (concretos), quanto os *intangibles*, que não podemos tocar (abstratos), os reais e os irreais, e os que imaginamos passíveis de comentário:

Los amigos *ya no vienen,* ***Todo*** *quedó en el* ***olvido****,* ***La verdad*** *siempre se impone, No son* ***ellos*** *los más adecuados para criticarme.*

Sabemos (ver estrutura da *oración*) que os elementos da *oración* giram em torno de dois núcleos: o do *sujeto* e o do *predicado*. Pois bem, no que se refere à função sintática, o *sustantivo* se caracteriza por sua capacidade de aparecer como núcleo do *sujeto* numa *oración*: ***Unos amigos míos*** *llegan mañana,* ***Las viejas casas ajardinadas*** *han desaparecido,* ***La música*** *amansa las fieras,* ***El corazón*** *tiene sus razones, De noche,* ***todos los gatos*** *son pardos*. De fato, o núcleo do *sujeto* não pode ser outro que não um *sustantivo*. Além disso, como núcleo do *sujeto*, o *sustantivo* impõe sua concordância ao núcleo do *predicado*, isto é, qualquer variação de forma do *sustantivo* obriga a uma variação de forma do *verbo*, núcleo do *predicado* e, possivelmente, também de outras unidades tanto do *sujeto* quanto do *predicado*; assim, se nos exemplos anteriores, em vez de *unos amigos* (forma que indica *varios*, ou seja, plural) dissermos **un amigo** (forma que indica *uno*, singular), o *verbo llegan* tem que aparecer também no singular: *llega*; e, no segundo exemplo, a mudança de *casas* por **edificio** obriga a uma mudança significativa não só do *verbo* mas também dos complementos do *sustantivo*: ***El viejo*** *edificio* ***ajardinado*** *ha desaparecido*.

Então, temos que distinguir entre as palavras que são *sustantivos* em si mesmas e as palavras que, sem sê-lo, podem, num dado momento, aparecer como tal, desempenhando as funções de um *sustantivo*, isto é, entre **sustantivos** propriamente ditos e *sustantivos funcionales*.

Clases de sustantivos

Em todos os exemplos anteriores (menos em *todos*, *ellos*), vimos que o *sustantivo* núcleo do *sujeto* é um nome, isto é, uma palavra que, no que se refere ao seu significado, serve como um rótulo para classificar esses seres em grupos entre todos os outros. Quando dizemos *verdad*, *amigos*, *casas*, *música*, *corazón*, *flores*, *edificio*, estamos classificando esses seres em seus grupos determinados e, portanto, diferenciando-os de outros, como *bondad*, *padres*, *castillos*, *ruidos*, *hígado* e muitos outros, que classificamos em outros grupos.

Nombres comunes e nombres propios

Porém alguns nomes não classificam, mas sim individualizam, ou seja, designam um ser entre todos os demais de sua classe e de maneira arbitrária: não levam em consideração as características, nem a espécie do ser que se nomeia. Por exemplo, *Brasil*, *Miguel*, *Carlota*, *Marte*, *Amazonas* individualizam esses seres: *Brasil* entre todos os países, *Miguel* entre os homens, *Carlota* entre as mulheres, *Marte* entre os planetas ou os deuses antigos, *Amazonas* entre os rios etc.

A diferença entre os nomes que classificam e os que individualizam está em que os primeiros apontam um conjunto de características que podem ser atribuídas não só ao ser que está sendo nomeado mas também a muitos outros semelhantes a ele. Chamamos *flor* a um ser no qual encontramos uma série de características que vimos em outros seres com esse mesmo nome (parte de um vegetal, cores, cheiro, capacidade de se converter em fruto ou em semente, aspecto chamativo etc.). Por outro lado,

El sustantivo y sus complementos/...

Carmen não indica que este ser tenha uma série de características comuns a outros, não significa nada, simplesmente designa um determinado ser arbitrariamente, como poderia designar outro totalmente diferente; *Venus* designa um planeta e também uma deusa, por exemplo. Chamamos **nombres comunes** àqueles que servem para classificar e **nombres propios** àqueles que servem para individualizar.

Los pronombres

Há outras palavras que também servem para fazer referência a seres, não os nomeando, mas sim assinalando-os temporariamente, em razão das circunstâncias nas quais se encontram no momento em que nos referimos a eles: *Yo en tu caso habría hecho lo mismo*, **Ellas** *son así*, **Muchos** *no volvieron, ¿Y* **tú** *me lo preguntas?*, **Estos** *vendrán tarde como siempre*. Nestes exemplos encontramos palavras, *yo, ellas, muchos, tú, estos*, que apontam determinados seres, mas que serviriam em outras circunstâncias para apontar outros seres totalmente diferentes. Assim, por exemplo, *tú* é sempre um ser ao qual a pessoa que fala se dirige, mas em cada circunstância o aplicamos a um ser diferente (*un niño, una mujer, un anciano, un amigo* etc.); *estos*, da mesma forma, pode ser aplicado a *unos amigos, Juan y Carlos, con los que vamos a ir al cine*, por exemplo, mas em outro momento *estos* podem ser *unos empresarios con los que tenemos que hablar de negocios*, em outra ocasião *unos futbolistas a quienes estamos esperando para hacerles una entrevista* etc.

Esses nomes que não nomeiam, mas que ocasionalmente apontam ou assinalam seres, são chamados **pronombres**.

Nombres tangibles e intangibles (concretos e abstratos)

Há nomes que designam seres reais que existiram ou existem,

que podemos tocar, ou que são criação da imaginação humana: *mesa, archivo, puerta, mar, río, Alfonso X, Júpiter, coco, fantasma*. Outros nomes designam seres que não têm existência real, mas servem para apontar qualidades ou fenômenos que algo ou alguém produz ou possui: *velocidad* (é a capacidade de um animal ou coisa movimentar-se com maior ou menor rapidez), *amor, odio* (são sentimentos), *bondad* (qualidade de ser bom), *alegría, tristeza* etc. Chamamos nomes **concretos** aos primeiros, que designam seres reais ou criados pela imaginação humana, e **abstractos** aos segundos, que designam ações ou qualidades. Alguns nomes podem aparecer como *concretos* e *abstractos* — por exemplo, *cine* é *abstracto* quando dizemos *Me gusta el cine* e *concreto* em *Estuvimos en un cine de la avenida Paulista*; *escultura* é *concreto* em *Tengo una escultura de Oteiza en casa* e *abstracto* em *Me interesa la escultura más que la pintura*.

Dessa forma, temos dois tipos de *sustantivos*: **nombres** e **pronombres**. Os *nombres* podem ser **concretos** e **abstractos**; os *nombres* **concretos**, por sua vez, podem ser **comunes** e **propios**.

Outras funções do *sustantivo*

O *sustantivo*, além de sua função principal na *oración*, que, como já vimos, é a de núcleo do *sujeto*, pode desempenhar a função de núcleo do *objeto directo*: *Ganó unos **dinerillos** y los invirtió bien*, *Abrazó a sus **hijos** llorando de alegría*.

Traslación

Muitas outras palavras que não são propriamente *sustantivos*, ou seja, que não são *nombres* nem *pronombres*, podem, numa *oración*, assumir temporariamente o papel de um *sustantivo*: *Los **ricos**, cuanto más tienen más quieren* (*ricos* é um *adjetivo* que aqui funciona como *sustantivo*), ***Fumar*** *perjudica gravemente la* *salud* (*fumar* é um *verbo* usado como *sustantivo*), *El **ayer** y el **hoy** se confunden en su mente* (*ayer* e *hoy* são *adverbios* usados aqui como *sustantivos*), *El **ole** es una palabra que no tiene explicación* (*ole* é uma *interjección* usada como *sustantivo* aqui). Mesmo um grupo de palavras e até uma *oración* inteira podem funcionar como *sustantivos*: *Un **te quiero** fue la causa* (*te* é um *pronombre personal* e *quiero*, um *verbo* na primeira pessoa do singular do *presente de indicativo*; juntos funcionam aqui como *sustantivo*), *Me alegró mucho **que me llamases el domingo para felicitarme*** (*que me llamases el domingo para felicitarme* é uma *oración* na função de *sustantivo sujeto*).

Por sua vez, o *sustantivo* também pode assumir eventualmente funções que correspondem a outras classes de palavras: *Los amigos de tu **hermano** son guapísimos, Guillermo, el **vecino**, se casa mañana* (*hermano*, *vecino* funcionam como complementos dos núcleos *amigos* e *Guillermo*, isto é, como *adjetivos*, que são as palavras às quais normalmente corresponde esta função); *Vive por el **centro*** (*centro* indica neste contexto circunstância, significa que assumiu a função *adverbio de lugar*).

É frequente que uma palavra de uma classe determinada seja usada temporariamente numa função que, normalmente, corresponde a outra classe de palavras. Esse fenômeno é chamado de **traslación**.

O gênero dos *sustantivos*

Geralmente, a estrutura interna de uma palavra consta de uma raiz que expressa o significado e de uma desinência que costuma expressar os acidentes ou morfemas. A raiz pode fazer parte de outras classes de palavras, enquanto a desinência, com os acidentes que expressa, caracteriza a palavra como pertencente a uma classe determinada. Por exemplo, a partir da raiz **camin** podemos utilizar as palavras **camin**amos, **camin**aban, **camin**e, que são formas verbais; **camin**ante, que é uma forma *sustantiva* do *verbo*; *camino, caminos*, que são as formas do singular e do plural de um *nombre*; etc.

Todo *nombre* possui um morfema de gênero. Em espanhol, distinguimos somente os gêneros masculino e feminino (em outras línguas distingue-se também o gênero neutro). Isto quer dizer que todos os *nombres concretos* e *abstractos, comunes* e *propios* se dividem, no que se refere ao gênero, em dois grandes grupos: **masculinos** e **femeninos**.

O gênero corresponde, às vezes, às diferenças sexuais dos seres reais a que se referem os *nombres*: *el hermano / la hermana, el gallo / la gallina, el monje / la monja*; mas isso ocorre somente em alguns casos. Pertencem ao gênero masculino naturalmente os *nombres* que indicam sexo masculino: *profesor, padre, hijo, fontanero, poeta*; e ao feminino, os que designam sexo feminino: *madre, hija, actriz, monja, reina*.

<u>Nombres epicenos</u>

Muitas vezes usamos um *nombre* gramaticalmente feminino para indicar um ser de sexo masculino ou um masculino para apontar um ser de sexo feminino: *Carlos es* **una buena persona** (frente a *Carlos es un buen amigo, Carlos es un buen hombre*). Isso ocorre principalmente com *nombres* de animais; assim, dizemos *el jilguero, el gorrión, el grillo, el delfín, la ballena, la perdiz, la culebra, la mariposa, la tortuga* etc. tanto para nos referirmos ao macho quanto à fêmea. Esses *nombres* que têm um só gênero para referir-se a indivíduos de sexo masculino e aos de sexo feminino são chamados ***epicenos***.

Não obstante, devemos considerar que, em muitos *nombres* referentes a pessoas, a diferença de sexo induziu à criação de formas diferentes do masculino para o feminino: de *huésped, abogado, asistente, sirviente* etc. derivaram-se os *nombres* femininos *hués-*

peda, abogada, asistenta, sirvienta etc. Menos frequente é o caso de *nombres* masculinos derivados de femininos: *modisto* de *modista, viudo* de *viuda* etc. Consequentemente, com a decidida incorporação da mulher a campos de atividade profissional e social antes reservados exclusivamente aos homens, essas derivações são cada dia mais numerosas: *ministra, arquitecta, médica, jueza* etc.

Se o gênero gramatical dos *nombres* de pessoas e animais nem sempre coincide com a realidade de que o indivíduo tenha um ou outro sexo, o gênero dos *nombres* de plantas e demais seres e objetos é totalmente arbitrário: *el árbol, el pino, el peral, el manzano, la higuera, la vid, la morera, la mesa, el balcón, El Brasil, La Argentina* etc.

Há pares de *nombres,* como *el cesto / la cesta, el jarro / la jarra, el cubo / la cuba, el trompeta / la trompeta, el espada / la espada, el cerezo / la cereza, el almendro / la almendra, el castaño / la castaña,* cuja diferença de gênero alude não à diferença de sexo, mas a outros aspectos da realidade, como a diferença de tamanho ou forma, ou a distinção entre usuário e instrumento, entre a árvore e o fruto.

Alguns *nombres* têm um significado se são masculinos e outro se são femininos: *el cólera* (doença) / *la cólera* (ira), *los lentes* (usa-se somente no plural, *"óculos"*) / *las lentes* (plural de *la lente, "cristal refringente"*), *el editorial* (artigo sem assinatura que expõe o pensamento de um jornal) / *la editorial* (casa editora), *el cometa* (astro) / *la cometa* (brinquedo, pipa, em português), *el frente* (parte anterior de um edifício ou linha de combate) / *la frente* (parte da cabeça), *el doblez* (parte que se dobra de uma coisa) / *la doblez* (com sentido de *la mala fe, la hipocresía,* normalmente usado no feminino, ainda que a *Real Academia de la Lengua Española* admita também o masculino com este sentido), *el pez* (animal aquático) / *la pez* (substância) etc.

Nombres ambiguos

Também há *nombres* que, sem mudar de significado, admitem os dois gêneros: *el mar / la mar* (o plural, *los mares*, sempre masculino), *el arte románico / las bellas artes* etc. Esses nomes são denominados **ambiguos**.

A forma de reconhecer o gênero dos *nombres* é considerar o gênero de seus complementos, ou seja, um *nombre* masculino deve estar acompanhado de *artículo* e *adjetivos* também masculinos, e um *nombre* feminino, logicamente, de *artículo* e *adjetivos* femininos: *el balcón abierto, la casa pintada, el clavel rojo, la rosa perfumada, el falso profeta, la mano tendida* etc.

A forma masculina dos *nombres* é a de maior amplitude, o que significa que a forma do masculino é usada por extensão para o masculino e para o feminino quando o grupo de seres a que nos referimos é composto por indivíduos dos dois gêneros; assim, quando dizemos **Los hijos** *de Adela*, nos referimos aos *hijos varones* y *hembras*; **El hombre** *es inmortal* significa *todos los hombres y todas las mujeres*; **Los ciudadanos** *de este país irán el martes a las urnas* (*los ciudadanos y las ciudadanas*); **Los padres** *desean lo mejor para sus hijos* (*los padres y las madres*). Se há nomes dos dois gêneros em um grupo nominal, a concordância deve ser feita no masculino: *Vestía* **camisa** *y* **pantalón blancos**, **La casa** *y* **el jardín** *estaban* **cubiertos** *por la nieve*.

O gênero e a terminação dos *nombres*

A maioria dos *nombres* terminados em *-o* são **masculinos**: *el gato, el libro, el coro, el cuadro, el plato*. E a maioria dos *nombres* terminados em *-a* são **femeninos**: *la gata, la cara, la cama, la mesa*. No entanto, há muitos *nombres* terminados em *-o* que são *femeninos*:

la mano, la libido, la nao, la seo, la dinamo.

El sustantivo y sus complementos/...

— Alguns *nombres* frequentemente são usados abreviados: *la moto* (na verdade *la motocicleta*), *la foto* (na verdade *la fotografía*), *la radio* (*la radiofonía*).
— *Nombres* aplicados a pessoas do sexo feminino: *la soprano, la modelo*.

Há também muitos *nombres* terminados em **-a** que pertencem ao gênero *masculino*:
— alguns *nombres* como: *el mapa, el planeta, el día;*
— certos *nombres* de origem grega: *el profeta, el poeta* (no *femenino, la poetisa*), *el aristócrata* (no *femenino, la aristócrata*), *el problema, el tema, el teorema, el sistema, el grafema, el esquema, el clima, el fantasma, el atleta* (no *femenino, la atleta*), *el reuma, el idioma;*
— *nombres* aplicados a pessoas do sexo masculino: *el cura, el pirata, el policía* (no *femenino, la policía*, significa *el cuerpo de policía* e *la mujer policía*);
— os *nombres* de cores terminados em **-a**: *el rosa, el fucsia, el naranja* etc. (na verdade *el color rosa, el color fucsia, el color naranja*).

Além dos terminados em **-o**, geralmente são masculinos:
— os *nombres* que terminam em **-aje**: *el viaje, el garaje, el coraje, el mestizaje, el brebaje, el tatuaje* etc.;
— os *nombres* terminados em **-an**: *el pan, el capitán, el alacrán* etc.;
— os *nombres* terminados em **-or**: *el amor, el color* (antigamente, e ainda hoje em textos literários: *la color*), *el sector, el dolor, el señor, el cantor, el pintor* etc.; há algumas exceções, como: *la flor, la coliflor, la labor* etc.;
— os *nombres* de rios, mares, oceanos, lagos, montanhas, sistemas montanhosos (estes últimos quando não se enunciam com as palavras *sierra* ou *cordillera*): *el Ebro, el Guadal-*

quivir, el Sena, el Urubamba, el Paraná, el Amazonas, el Mediterráneo, el Cantábrico, el Atlántico, el Pacífico, el Titicaca, el Ipacaraí, el Aneto, el Aconcagua, los Andes, los Pirineos, los Alpes etc.;
— os *nombres* de árvores, principalmente as frutíferas: *el álamo, el pino, el abeto, el castaño, el manzano, el peral, el nogal, el cerezo* etc. No entanto, esta regra tem muitas exceções: *la encina, la acacia, la morera* etc.

Além dos terminados em *-a*, geralmente pertencem ao gênero feminino:

— os *nombres* das letras do alfabeto: *la be, la ce, la hache* etc.;
— os *nombres* que terminam em *-d*: *la virtud, la altitud, la soledad, la edad, la ciudad, la verdad, la dificultad* etc.; excetua-se: *el alud*;
— os *nombres* terminados em *-z*: *la luz, la cruz, la rigidez, la escasez, la testuz* (mesmo sendo geralmente masculino, também pode ser usado no feminino), *la nariz, la embriaguez, la rojez, la idiotez* etc.; excetuam-se: *el juez, el almirez, el arcabuz;*
— os *nombres* terminados *em -ción, -sión, -zon*: *la canción, la oración, la solución, la expresión, la sesión, la lesión, la ilusión, la razón, la desazón, la quemazón;* exceto: *el corazón, el tropezón, el pinzón, el calzón, el buzón, el pezón*;
— os *nombres* terminados em *-umbre*: *la herrumbre, la certidumbre, la costumbre, la lumbre, la techumbre, la pesadumbre* etc.;
— os *nombres* terminados em *-ie*: *la serie, la calvicie* etc.

<u>Nombres comunes</u> quanto ao gênero

Os *nombres* terminados com o sufixo *-ista*, como *el artista, el periodista, el ciclista* etc. são masculinos quando se aplicam a um ser do sexo masculino e femininos quando se aplicam a um ser do sexo feminino: *la periodista, la artista, la ciclista* etc.

O mesmo ocorre com muitos dos *nombres* terminados em *-nte*, que procedem do *Participio Presente* de alguns *verbos*: *el estudiante / la estudiante, el cantante / la cantante, el oyente / la oyente, el vidente / la vidente* etc. No entanto, muitos *nombres* terminados em *-nte* desenvolveram uma forma para o feminino: *el sirviente / la sirvienta, el cliente / la clienta, el dependiente / la dependienta* etc.

Há também *nombres* terminados em *-o* que servem para os dois: *el reo / la reo, el testigo / la testigo*. E alguns nombres terminados em *-a* (além dos em *-ista*): *el suicida / la suicida*. Esses *nombres* que não expressam o sexo de uma pessoa por meio de uma terminação masculina ou feminina, mas sim por meio de complementos (*artículo, adjetivos*) masculinos ou femininos, são denominados **nombres comunes en cuanto al género**.

<u>Nombres femeninos</u> com relação aos derivados do <u>masculino</u>

Alguns *nombres* que indicam seres sexuados têm uma forma feminina derivada da masculina: *el perro / la perra, el señor / la señora, el actor / la actriz* etc. Essa derivação pode ser feita:

— a partir de certos masculinos em *-o*, substituindo *o* por *a*: *el mono / la mona, el oso / la osa, el chico / la chica, el novio / la novia* etc.;
— a partir de certos masculinos **en consonante**, acrescentando *a*: *el león / la leona, el chaval / la chavala, el escritor / la escritora, el cantor / la cantora, el lector / la lectora* etc. (como veremos a seguir, muitos dos masculinos em *-or* não seguem esta regra);
— utilizando os sufixos *-esa, -isa, -triz*, acrescentando-os à raiz do nome masculino: *el alcalde / la alcaldesa, el abad / la abadesa, el príncipe / la princesa, el sacerdote / la sacerdotisa, el poeta / la poetisa, el actor / la actriz, el emperador / la emperatriz* etc.

O número dos *nombres*

Em geral, os *nombres* apresentam variação de número. O número é um acidente que em espanhol oferece duas possibilidades: **singular** e **plural**.

O singular normalmente se refere à unidade dos objetos e o plural indica vários objetos da mesma classe: *el libro / los libros, el señor / los señores, el río / los ríos, el sofá / los sofás, el carácter / los caracteres, el rey / los reyes, la reina / las reinas, el martes / los martes, el virus / los virus*. Como vemos nestes exemplos, em geral o plural se manifesta pela presença da terminação **-s** ou **-es**, que chamamos de **formante de plural**. Por outro lado, o número também se manifesta pela presença junto ao nome dos *artículos el, la, un, una* ou de *adjetivos* como *bueno, buena, feo, fea*; neste caso dizemos que é singular; ou dos *artículos los, las, unos, unas* ou de *adjetivos* em *-s, buenos, buenas, feos, feas*; neste caso dizemos que é plural.

Formação do plural dos *nombres*

Forma-se o plural dos *nombres*:

- Acrescentando um **s** aos *nombres* que, no singular, terminam com vogal não acentuada: *la mesa / las mesas, la niña / las niñas, el ave / las aves, la llave / las llaves, el mapamundi / los mapamundis, el chico / los chicos, el libro / los libros, el espíritu / los espíritus, la tribu / las tribus*.

- Acrescentando **-es** aos *nombres* que, no singular, terminam com consoante ou com **-y**: *el laúd / los laudes, la cruz / las cruces, el ratón / los ratones, el caracol / los caracoles, el dolor / los dolores, el compás / los compases*.

- Se termina em vogal acentuada, a formação do plural é mais insegura; em alguns casos acrescenta-se um **-s**, como no caso dos que terminam com vogal átona: *el café / los cafés, el sofá / los sofás, el papá / los papás, el dominó / los dominós*; em outros acrescenta-se *-es*: *el alhelí / los alhelíes, el faralá / los faralaes, el esquí / los esquíes* (usa-se também *los esquís*), *el tabú / los tabúes* (usa-se também *los tabús*).

- Quando o singular termina com ditongo tônico, geralmente o plural se forma com *-es*: *el buey / los bueyes, la ley / las leyes, el rey / los reyes*; no entanto: *el jersey / los jerséis, el paipai / los paipáis*.

- Os *nombres* cujo singular termina em *-s* não acrescentam nenhum *formante* quando a vogal que precede o *-s* é átona: *el atlas / los atlas, el lunes / los lunes, la dosis / las dosis* etc.; quando a vogal que precede o *-s* é tônica, acrescenta-se *-es*: *el marqués / los marqueses, el compás / los compases, el dios / los dioses*.

- Em alguns cultismos, ao receber a terminação do plural, o acento se desloca: *el régimen / los regímenes, el carácter / los caracteres, el espécimen / los especímenes*.

- Alguns cultismos recentes e pouco difundidos terminados em *-um* no singular, como *curriculum, referendum, desideratum*, mantêm, na língua culta e na língua escrita, sua forma de plural latina: *curricula, referenda, desiderata*; mas, quando se generaliza no uso e na língua coloquial, adotam o plural com *-s* ou com *-es*: *currículos, referendos, álbum / álbumes* etc.

- As palavras compostas, se a união está muito consolidada, formam o plural segundo as regras das simples: *la telaraña / las telarañas, la fotonovela / las fotonovelas, el guardarropa / los guardarropas* etc. Nos demais casos, dependendo do tipo de palavras que intervêm na composição, os dois elementos podem passar para o plural: *el guardia civil / los guardias civi-*

les; só o primeiro elemento pode aparecer no plural: *el coche cama / los coches cama*, *el hombre rana / los hombres rana*; quando um dos elementos é de origem verbal, este elemento não muda: *cualquiera / cualesquiera, quienquiera / quienesquiera*; os nombres cujo segundo elemento já está no plural também não mudam: *el paraguas / los paraguas, el guarda barros / los guarda barros, el guardagujas / los guardagujas*.

Os *nombres colectivos*

Normalmente, quando está no singular o *nombre* se refere a um só ser, e quando está no plural, a vários; mas nem sempre isto é assim. Muitas vezes, um *nombre* no singular se refere a vários seres que, entre todos, formam um conjunto: *la familia* (conjunto de pessoas que entendemos unidas por uma relação de parentesco), *la decena* (dez unidades), *la década* (dez anos), *el enjambre* (grupo numeroso de abelhas ou outros insetos). Esses nombres que indicam um conjunto considerado uma unidade são chamados ***nombres colectivos***.

Nombres contables e *no contables*

Há *nombres* que se referem a objetos que existem isolados como exemplares diferentes: *tigre, casa, niño*; podem ser contados e numerados porque não são contínuos. Dizemos que são ***nombres contables o numerables***. Mas há nombres que, ou designam coisas que não podem ser divididas e contadas por unidades, como *el agua, el aceite, el alcohol*, ou coisas formadas por uma quantidade tão grande de unidades que praticamente são impossíveis de contar e numerar e, portanto, as imaginamos como se fossem uma matéria contínua: *el trigo, la cebada, la sal, el azúcar*. Dizemos que são ***nombres no contables o no numerables***.

Às vezes usa-se o *nombre* no singular para designar todos os que pertencem à mesma classe e não a um só indivíduo: **El brasileño** *es muy cordial*, **El delfín** *es un animal mamífero*, **El profesor** *está mal pagado en todas partes*.

<u>Singularia e pluralia tantum</u>

— Alguns *nombres* são usados só no singular: *la tez, la sed, el norte, el zodiaco, el cenit, el caos*. Em gramática são denominados **singularia tantum**.

— Também há *nombres* que, ao contrário dos *colectivos*, são usados só no plural, para coisas singulares: *los víveres, los comestibles, los honorarios, las nupcias, las afueras, las facciones* etc.; alguns deles se referem a objetos compostos por duas partes simétricas: *las gafas, las tijeras, las pinzas, las tenazas, los alicates* etc. Esses *nombres* são denominados **pluralia tantum**.

<u>Singular e plural equivalentes</u>

A forma singular e plural de alguns *nombres* é equivalente: *la escalera / las escaleras, el intestino / los intestinos, la muralla / las murallas, la entraña / las entrañas*; no entanto, em alguns desses *nombres* há diferenças de aspecto expressivo entre o singular e o plural; assim, entre *el pelo* e *los pelos* ou entre *la barba* e *las barbas* as formas do plural conotan *descuido, dejadez*: *La barba le da un aire muy interesante / Anda, aféitate esas barbas que estás horrible; Tiene un pelo precioso / Una visita tan importante en casa, y yo con estos pelos*.

<u>A concordância entre o plural e o gênero</u>

Para referir-se a um grupo de pessoas ou de animais de ambos os sexos, usa-se o masculino plural: *Los alumnos del grupo C avanzan muy deprisa, Los leones son animales muy cariñosos con sus crías*.

Usa-se também o plural do masculino para referir-se a casais de pessoas: *Los reyes* (*el rey y la reina*) *visitarán Argentina el próximo mes*, *Mis padres* (*mi padre y mi madre*) *están de vacaciones en Bolivia*, *¿Es el domicilio de los señores* (*del señor y de la señora*) *de González?*

Para referir-se ao casal ou à família em conjunto na linguagem oral, normalmente se usa o *artículo definido* no plural e o sobrenome no singular: *Estuvimos en casa de los Pereira*.

Em contraste com o português

Ao contrário do espanhol, os *nombres* de árvores frutíferas normalmente são femininos em português: a macieira / *el manzano*, a laranjeira / *el naranjo*, a pereira / *el peral*, a oliveira / *el olivo*.

Os *nombres* das letras do alfabeto em português são masculinos e, em espanhol, femininos: o *a* / *la a*, o *be* / *la be*...

Os *nombres* terminados em **-agem** são femininos em português. Em espanhol, os terminados em **-aje** são masculinos: a viagem / *el viaje*, a garagem / *el garaje*, a paisagem / *el paisaje*...

Em português, os *nombres* dos dias da semana, exceto sábado e domingo, são femininos, enquanto em espanhol, são todos masculinos: a segunda-feira / *el lunes*, a quinta-feira / *el jueves*...

Alguns *nombres* terminados em **-or** são, em português, femininos e em espanhol masculinos ou vice-versa: a dor / *el dolor*, a cor / *el color*, o labor / *la labor*; mas na maioria dos casos coincidem em ambas as línguas: o sabor / *el sabor*, o calor / *el calor* (antigamente e popular hoje, *la calor*), o setor / *el sector*, a flor / *la flor* etc.

Muitos outros *nombres* são masculinos em espanhol e femininos em português e vice-versa: *un calamar* / uma lula, *un cólico* / uma cólica, *un análisis* / uma análise etc.

El sustantivo y sus complementos/... 65

**Nomes com diferente gênero em espanhol
e em português**

Español	Português
la a	o a
la alarma	o alarme
el árbol	a árvore
el aguardiente	a aguardente
el análisis	a análise
el aprendizaje	a aprendizagem
la baraja	o baralho
la brea	o breu
la caja (en un comercio o un banco)	o caixa
la cárcel	o cárcere
el cólico	a cólica
el caudal	o / a caudal
la costumbre	o costume
el coraje	a coragem
el color (antiguo, la color)	a cor
la crema	o creme
el cutis	a cútis
la cumbre	o cume
la diadema	o diadema
el dolo	a dor
el desorden	a desordem
el equipo	a equipe
el estreno	a estreia
el estante	a estante
el énfasis	a ênfase
el epígrafe	a epígrafe
la estratagema	o estratagema

el engranaje	a engrenagem
la hiel	o fel
el fraude	a fraude
el follaje	a folhagem
el humo	a fumaça
el homenaje	a homenagem
el insomnio	a isônia
el jueves	a quinta-feira
la leche	o leite
la lumbre	o lume
la legumbre	o legume
la labor	o labor
el naranjo	a laranjeira
el lenguaje	a linguagem
el linaje	a linhagem
el manzano	a macieira
el maquillaje	a maquilagem
el maratón	a maratona
el margen	a margem
el martes	a terça-feira
el mensaje	a mensagem
la miel	o mel
el miércoles	a quarta-feira
la nariz	o nariz
el lunes	a segunda-feira
el olivo	a oliveira
el origen	a origem
el orden	a ordem
la protesta	o protesto
la paradoja	o paradoxo
el peral	a pereira
el paisaje	a paisagem
el porcentaje	a porcentagem

el platino	a platina
el puente	a ponte
el paraje	a paragem
el plumaje	a plumagem
el rezo	a reza
la risa	o riso
la samba	o samba
la sonrisa	o sorriso
la sangre	o sangue
la sal	o sal
la señal	o sinal
el síncope	a síncope
el torrente	a torrente
la ubre	o úbere
la urdimbre	o urdume
el viaje	a viagem
el vértigo	a vertigem
el vals	a valsa
el viernes	a sexta-feira
la vislumbre	o vislumbre

Los adjuntos del sustantivo (Os complementos do substantivo)

O *nombre* comum normalmente é acompanhado por palavras que servem para trazer à realidade atual do ouvinte e do falante o conceito que esse *nombre* representa, para deixar mais precisa a aplicação a um ser ou a vários seres determinados, do *nombre* que serve para qualquer um, indiferentemente dos que pertencem a essa espécie. Assim, os *nombres gato*, *señor*, *hijo* designam qualquer ser dessa espécie; mas *el gato de la vecina*, *los señores que están parados en la esquina*, *la hija de Carlos* especificam de que *gato*, *señores* ou *hija* se trata. Essas palavras que acompanham o nome, sempre antes dele, são chamadas *artículos*. Há duas classes de *artículos*: **definidos** (*el*, *la*, *lo*, *los*, *las*) e **indefinidos** (*un*, *unos*, *una*, *unas*).

IV. *El artículo*
(O artigo)

	Definido			Indefinido	
	masculino	feminino	neutro	masculino	feminino
singular	**el**	**la / el**	**lo**	**un**	**una / un**
	contrações: **al** < (a+el) **del** < (de+el)				
plural	**los**	**las**		**unos**	**unas**

Além do seu papel "atualizador" (v. pág. 67-68), o *artículo* também serve para indicar o **gênero** e o **número** dos *sustantivos*: *el perro, la perra, los perros, las perras, un libro, una mesa, unos libros, unas mesas*.

Serve também para **sustantivar**, o que significa que qualquer palavra acompanhada de *artículo* funciona como *sustantivo*: *un no rotundo, un estúpido, lo importante, el saber, la blanca, el ayer, El que grites tanto, no te da la razón*.

<u>Colocação do *artículo*</u>

Não pode **nunca** aparecer **depois** do *sustantivo* a que se refere: *el amor, un amor, un gran amor*.

As formas do feminino *el* e *un* no lugar de *la* e *una* se usam antes de nomes femininos que começam com /**á**/ ou com /**há**/ com acento de intensidade (com ou sem acento ortográfico): *el agua, el águila, el hada, un acta, un hacha, un área* etc. (mas: *la gélida agua, la altiva águila, la preciosa hada, una enorme hacha, una extensa área* etc.). Excetuam-se os nomes das letras: *la* *hache, la a, una hache, una a,* e os substantivos invariáveis que determinam o gênero através do artigo: *la ácrata, la árabe* etc. (frente a: *el ácrata, el árabe,* masculinos).

Usos do *artículo lo*

O *artículo lo* nunca é usado com nomes, no entanto serve para substantivar palavras ou grupos de palavras: *Lo difícil es no enfadarse nunca, Sentí mucho lo de tu padre, No entiendo lo que haces* etc.

Usa-se *lo* nos seguintes casos e com os valores indicados:

Lo + adjetivo ou *participio* serve para:
substantivar o *adjetivo* ou o *participio* e a ele atribuir um valor abstrato: *Lo difícil lo deja para los demás, Esto no es lo pactado, Hay que ver lo caro que está todo* etc.;
referir-se a uma série de coisas que têm as mesmas qualidades: *A mí me gusta lo blanco (las cosas blancas), viva lo blanco, muera lo negro (las cosas negras);*
referir-se a uma parte de algo: *tienes muy enrojecido lo blanco (la parte blanca) del ojo.*

Lo + adjetivo ou *adverbio + que* é uma construção intensificadora: *Todos comentaron lo guapa que estaba la novia y lo bien vestida que iba.*

Lo de + artículo ou *posesivo + nombre* equivale a *la circunstancia* de: *Hay que arreglar lo del gas, ¿No sabes lo de Araceli? Está embarazada.*

Lo de + infinitivo significa *el hecho de*: *Lo de quedarme en casa no me seduce mucho.*

Lo que equivale a um demonstrativo neutro: *Lo que dices (eso que dices...) no tiene sentido, Hago lo que (aquello que ...) me da la gana* etc.

El artículo/O artigo

Contracciones

As *contracciones* ***al*** y ***del*** não aparecem antes de nomes próprios usados com artigo: *Viene de El Escorial, Me gustaría ir a El Salvador, Escribe en El País.*

Para muitos gramáticos, o **artículo indefinido** nada mais é que um adjetivo numeral ou quantitativo indefinido: *un amigo, una pera, unos chicos.*

No plural pode equivaler a *algunos-as*: *Te he traído **unas** revistas, Me encontré con **unos** amigos*; configurar um grupo: *este ejercicio tiene **unos** errores graves* (frente a *tiene errores graves*, que é menos concreto ou menos específico); expressar aproximação ou inexatidão: *Me costó **unas** diez mil pesetas, San Pablo tiene **unos** dieciséis millones de habitantes* etc.

O *artículo* não é usado:

- Antes de nomes próprios de pessoas: *Carmen es una gran actriz, Pedro es más guapo que su padre.* Esta regra tem muitas exceções:

  — Usa-se o *artículo* quando o nome próprio é especificado por algum complemento: *Yo soy **la** Carmen de España y no la de Merimée.*
  — Com os sobrenomes de algumas mulheres famosas, principalmente com as divas da ópera, normalmente usa-se o *artículo*. Nestes casos, o *artículo* também ajuda a indicar que se trata de uma mulher: ***la Caballé, la Callas, la Pardo Bazán*** etc.
  — Com os sobrenomes usa-se o *artículo* no plural para indicar o casal ou a família: ***los García, los Ramírez*** etc.
  — Com os nomes de artistas, esportistas ou outros profissionais famosos usa-se o *artículo* para designar uma ou algumas de suas obras ou para compará-los com alguém de sua mesma

arte ou profissão: *Hay **un Velázquez** en el museo de la ciudad, Han cambiado de sala **el Picasso**, Este chico nos va a salir **un Ramón y Cajal**. Tu primo parece **un Ronaldinho** cuando coge el balón.*

— Usa-se o *artículo definido* com nomes de seres absolutamente únicos para que, quando citados, não haja nenhuma dúvida de que nos referimos a eles, visto que não há outros em nosso mundo: ***el** Sol, **la** Luna, **la** Tierra, No es bueno ponerse **al** Sol al mediodia, **La** Luna vino a la fragua con su polisón de nardos* (mas: *Mercurio, Venus, Neptuno* etc., talvez porque nos parecem distantes de nossa realidade cotidiana). No entanto, quando não nos referimos a eles em si mesmos, mas à substância, à luz ou à temperatura que formam esses corpos ou que são emitidas por eles, não usamos o *artículo*: *Íbamos a la playa pero como no hacía **sol** cambiamos de planes, Era una noche de **luna** llena*. No entanto, usa-se o *artículo indefinido* com estes nomes se imediatamente segue um modificador, isto é, algum elemento que adicione alguma informação nova refererida a estes nomes: *Hacía **un sol** de justicia.*

— Usa-se o *artículo* antes de nomes de rios, lagos, montes, mares: ***el** Amazonas, **los** Pirinéos, **el** Mediterráneo, **el** Titicaca* etc.

— Usa-se o *artículo* antes de nomes de alguns países, cidades e comarcas: ***La** India, **La** Argentina, **El** Salvador, **La** Habana, **La** Coruña, **La** Mancha, **La** Rioja* etc.

— Se, com o nome da cidade, nos referimos a seu clube ou equipe esportiva, usamos o *artículo*: *El Real Madrid, El Barcelona* etc.

— Nas falas familiares ou muito coloquiais podemos encontrar *artículos* antes de nomes próprios: *¡Viva la Pepa!, La Lola se va a los Puertos*. Não obstante, esse uso é considerado vulgar.

El artículo/O artigo

- Não se usa o *artículo* com tratamentos, cargos ou títulos (Señor/a, Doctor/a, Profesor/a, Director/a Ingeniero/a, Ministro/a, Arquitecto/a, Marqués/Marquesa, Conde/Condesa, Duque/Duquesa), ou quando nos dirigimos a pessoa (vocativo): *Señora Martínez, rellene, por favor, esta ficha; Buenas tardes, señora Directora.* Porém quando "falamos delas" (ou seja, em terceira pessoa) usa-se o *artículo*: *La señora Martínez no está en casa, La señora Directora no puede atenderle* (porque não nos estamos dirigindo a ela em segunda pessoa, mas sim falando dela em terceira pessoa). O *artículo* nunca é usado com o tratamento *Don*: *Don Juan, Don Pelayo*. Para os papas usa-se *Santidad*, para os reis *Majestad*, para os príncipes *Alteza* e para algumas altas hierarquias *Excelencia*; essas palavras nunca são usadas com *artículo* (nem em vocativo nem em terceira pessoa). Em terceira pessoa usa-se *Su Santidad*, *Su Majestad*, *Su Alteza*, *Su Excelencia*.

- O *artículo* não é usado antes de nomes de organismos ou instituições no plural: *No eches la carta en el buzón, échala en Correos* (porém é possivel *échala al correo*).

- Também não é usado antes de nomes de carreiras ou profissões: *Estudia Arquitectura, Estoy aprendiendo alfarería* etc.

- Antes das palavras **casa**, **clase** e **misa**, o *artículo* normalmente não aparece: *Estuve en casa de Javier, He llegado tarde a clase, Oía misa a diario* etc.

- Antes de **medio** e **otro** não se usa o *artículo indefinido*: *Se bebió medio litro de vino él solo, Otra vez será* etc.

- Com medidas de peso, capacidade, tempo e distância, ou quando indicamos um valor absoluto, o *artículo* não é usado: *Pesa cien gramos, Écheme veinte litros de gasolina, Tiene cuarenta años, No hay más de cien metros de distancia* etc.

- O *artículo* normalmente não é usado antes dos nomes dos dias da semana: *Mañana es lunes, En martes ni te cases ni te embarques* etc. Mas usa-se o *artículo* definido no singular para indicar o mais próximo no passado ou no futuro: *El jueves me examino, Se casó el sábado*; e no plural para indicar ações usuais que se realizam sempre no mesmo dia: *Los martes tengo clase de español, Los domingos voy a la playa* etc.

- Quando queremos especificar que somente nos referimos ao tipo de objeto ou pessoa e não a um indivíduo concreto, não usamos artigo: *No tiene padres, Anda mucho en bicicleta, Era actriz* etc.

- Também quando usamos o nome sem determinar a quantidade: *¿Venden pan?, Prefiero manzanas*.

- Ou quando antes do substantivo há um *posesivo*: **Mi** *casa está muy cerca*, **Tus** *amigos me preguntaron por ti*. Porém o *artículo* aparece se o possessivo estiver atrás do substantivo: *Me encontré con* **unos** *amigos* **tuyos**, *Vive con* **un** *antiguo novio* **mío**...

- O mesmo ocorre quando antes do substantivo há um *demostrativo*: *Ese tipo no me inspira confianza*. O *artículo* aparece se o *demostrativo* estiver depois do substantivo: *No me inspira confianza* **el** *tipo* **ese**.

Em contraste com o português

Em espanhol há somente duas contrações: *al* e *del*, enquanto em português há contrações para o feminino da, na, além de contrações com adjetivos e pronomes: neste, nessa, dele, dela etc.

Como já vimos, em espanhol não usamos artigo antes de nomes próprios; já em português é correto o uso do artigo nessa posição: **O** Caetano Veloso e **a** Maria Bethânia cantam amanhã no

El artículo/O artigo 75

Palace / *Caetano Veloso y Maria Bethânia cantan mañana en el Palace*, **O** Pedro não chegou ainda / *Pedro no llegó aún*.

Em português também usamos artigo antes de nome acompanhado de possessivo: **As** minhas ideias são firmes, **O** meu filho já está com dez anos, frente a: *Mis ideas son firmes, Mi hijo tiene ya diez años*.

É mais frequente encontrar o artigo antes de nome geográfico em português do que em espanhol: *Vivo en Brasil* / Moro **no** Brasil, *Italia es un país muy bonito* / **A** Itália é um belo país.

Em espanhol não usamos artigo antes de substantivo acompanhado de possessivo; em português esse uso é correto: *mi hermano, tus amigos*, mas: **o** meu irmão, **os** teus amigos.

Em português usa-se o artigo com o indefinido **todo**, entre ele e o substantivo: Todo **o** professor deve saber se comportar diante dos seus alunos, frente a: *Todo profesor ha de saber comportarse delante de sus alumnos*.

Em espanhol usa-se artigo antes das horas: *Son **las** siete, Eran **las** nueve*; em português esse artigo é omitido: São sete horas, Eram nove horas.

Algumas locuções adverbiais, comuns a ambos os idiomas, apresentam artigo em português e em espanhol não:

Português	*Español*
às escondidas	*a escondidas*
às vezes	*a veces*
às escuras	*a oscuras*
aos milhares	*a millares*
às cegas	*a ciegas*
às furtadelas	*a hurtadillas*
aos magotes	*a montones*
a toda a pressa	*a toda prisa*
a todo o galope	*a todo galope*

V. *Los adjetivos*
(Os adjetivos)

Há outras palavras que podem cumprir a função de atualizar o *sustantivo* em geral, acrescentando diversas circunstâncias e diferentes aspectos ao seu significado: ***Esas*** *flores son preciosas*, *Creo que* ***tus*** *amigos ya no van a venir*, ***Todos*** *los hombres son iguales*, ***Todos*** *nosotros la queremos mucho*, *¿****Qué*** *camisa te vas a poner?* Essas palavras que acompanham o *sustantivo* com uma função similar à do *artículo* são chamadas ***adjetivos***.

Temos também *adjetivos* que acompanham um *sustantivo* não para atualizá-lo, como o *artículo* ou como os *adjetivos* que já vimos, mas para completar seu significado acrescentando alguma característica ou particularidade: *Sus* ***hermosos*** *ojos brillaron de alegría*, *La novia llevaba un vestido* ***deslumbrante***, *La* ***antigua*** *prisión fue convertida en un* ***lujoso*** *centro comercial*.

Os complementos/adjuntos do *sustantivo* são ***los artículos*** e ***los adjetivos***. Mas há também, como veremos mais adiante, outras palavras ou grupos de palavras que podem acompanhar o *sustantivo* cumprindo a mesma função que seus complementos/adjuntos; trata-se dos *complementos del sustantivo*: *Se han comprado una casa* ***con jardín***, *No encuentro la falda* ***de Carmen***, *Aún no ha llegado tu amigo* ***el pintor***.

Por outro lado, alguns *adjetivos* podem aparecer separados do *sustantivo*: *Esta camisa no es* ***mía***, *Esta falda te está* ***larga***, *La película fue muy* ***interesante***, *La encuentro muy* ***guapa***. Esses *adjetivos* cumprem a função de **predicativos** do *sustantivo* a que se referem.

Classes de *adjetivos*

Tradicionalmente, distinguimos duas classes de *adjetivos*: **calificativos** e **determinativos**, e entre os *determinativos* estão incluídas as seguintes subclasses: **demostrativos, posesivos, numerales, indefinidos** e **relativos**.

A diferença entre ambos se estabelecia nas gramáticas tradicionais a partir de critérios de significado: os <u>calificativos</u> indicam *cualidad* e os <u>determinativos</u> *determinan*. No entanto, essa distinção confundia critérios de significação e critérios de função, e não está muito claro que os *calificativos* não determinem e que os *determinativos* não qualifiquem. Portanto, é melhor fazer a distinção mediante critérios de funcionamento. Vejamos estes exemplos de grupos nominais com dois *adjetivos*: *Sus hermosos labios rojos, La radiante luna llena*; neles seria possível trocar a ordem de aparição dos *adjetivos* sem que o resultado perturbasse a estrutura gramatical; todavia, como veremos mais adiante, seriam produzidas algumas mudanças de aspectos no que se refere ao significado: *Sus rojos labios hermosos, La llena luna radiante; Sus hermosos (y) rojos labios, La llena (y) radiante luna; Sus labios hermosos (y) rojos, La luna llena (y) radiante; Sus labios rojos (y) hermosos, La luna radiante (y) llena* etc. Muitos *adjetivos*, como os dos exemplos, admitem esta liberdade de colocação com respeito ao *sustantivo*.

No entanto, há outros *adjetivos* cujo funcionamento dentro do grupo não é tão flexível. Podemos, por exemplo, dizer *Aquellos labios hermosos* e *Aquellos hermosos labios*, mas não *Hermosos aquellos labios*; *Esta luna radiante* e *Esta radiante luna*, mas não *Radiante esta luna*; *Dos amigos buenos* e *Dos buenos amigos*, mas não *Buenos dos amigos*.

Podemos deduzir que realmente há dois tipos de *adjetivos* em relação à sua capacidade de organização entre si e com respeito ao *sustantivo* que acompanham:

- os que admitem qualquer posição, que correspondem aos tradicionalmente chamados **calificativos**: *rojos, hermosos, radiante, llena, buenos* etc.
- os que, na presença de outro *adjetivo* dentro do mesmo grupo

nominal, devem aparecer antes e nunca imediatamente depois de outro *adjetivo*; estes coincidem com os tradicionalmente chamados **determinativos**: *aquellos*, *esta*, *dos* etc.

Los adjetivos calificativos

Como já vimos, os *adjetivos calificativos* são aquelas palavras que acompanham o *sustantivo* para completar seu significado ou para acrescentar-lhe alguma característica. Além disso, os *adjetivos calificativos* admitem qualquer posição com respeito ao *sustantivo* que acompanham e com respeito a outros *adjetivos* que possam estar no grupo nominal, isto é, no grupo formado pelo *sustantivo* e as palavras que o acompanham.

O gênero dos *adjetivos*

Já sabemos que o *sustantivo* exige a concordância de todos os elementos que o acompanham; isto é, se o *sustantivo* de um grupo nominal é masculino singular, o *artículo* e os *adjetivos* que façam parte desse grupo nominal devem aparecer no masculino singular também. E ainda, se esse grupo nominal funciona como *sujeto* da *oración*, o *verbo* tem que concordar em número e pessoa com o *sustantivo*.

Portanto, é necessário que os *adjetivos* possam apresentar-se no masculino ou no feminino para concordar com o *sustantivo*: *la casa* **blanca** *de la esquina, el vestido* **blanco** *de la novia, el niño* **alto**, *la niña* **alta**.

É importante entender que o gênero é essencial para os *sustantivos*, enquanto para os *adjetivos* ele tem caráter circunstancial; isto é, *perro, señor, árbol* são masculinos por essência e não podem ser femininos e, da mesma forma, *perra, señora, casa* são femininos. Ao contrário, *blanco, alto, moreno* não são essencialmente nem masculinos nem femininos: aparecerão no masculino ou no feminino de acordo com o *sustantivo* que acompanharem.

Formação do feminino dos *adjetivos*

- Geralmente, os *adjetivos* distinguem a variação de gênero com a terminação *-o* para o masculino e a terminação *-a* para o feminino. Assim, os *adjetivos* que terminam em *-o* no masculino mudam o *-o* por *-a*: *listo / list*a, *guapo / guapa, pequeño / pequeña*.
- Os diminutivos que terminam em *-ete, -ote* no masculino mudam o *-e* por *-a*: *regordete / regordeta, guapote / guapota*.
- Os *adjetivos* terminados em *-án, -ón, -ín* no masculino acrescentam um *-a* e perdem o acento ortográfico: *charlatán / charlatana, glotón / glotona, pequeñín / paqueñina*. Exceto **ruin**, que permanece invariável.
- Os *adjetivos* que terminam em *-or* também acrescentam um *-a*: *cazador / cazadora (de cazar), hablador / habladora (de hablar), constructor / constructora (de construir)*. No entanto, os *adjetivos* terminados em *-ior* e os comparativos **mayor, menor, mejor, peor** não mudam: *el día* **anterior** */ la noche* **anterior**, *un momento* **mejor** */ una ocasión* **mejor**.
- Também se acrescenta um *a* à forma masculina dos adjetivos que denotam nacionalidade ou procedência (gentílicos, regionais, de classe social etc.): *alemán / alemana, andaluz / andaluza, inglés / inglesa, burgués / burguesa*. São exceção os que terminam em *-e, -í* e *-ú*, que se mantêm invariáveis: *el embajador* **canadiense** */ la embajadora* **canadiense**, *un guardia* **londinense** */ una calle* **londinense**, *un ciudadano* **marroquí** */ una ciudad* **marroquí**, *un refrán* **hindú** */ una costumbre* **hindú**.
- Os outros *adjetivos* não têm variação genérica e mantêm a mesma forma quando acompanham *sustantivos* masculinos ou femininos: *Él es muy* **cortés** */ Ella es muy* **cortés**, *un hombre* **feliz** */ una mujer* **feliz**, *un banco* **útil** */ una silla* **útil**, *un comu-*

nicado **oficial** / *una carta* **oficial**. Um grupo importante desses *adjetivos* sem variação de gênero é constituído pelos *adjetivos* formados com os sufixos *-ícola* ou *-ígena*; trata-se de cultismos de uso pouco comum: *la producción* **agrícola** / *el rendimiento* **agrícola**, *la característica* **indígena** / *el sentimiento* **indígena**.

O plural dos *adjetivos*

Pelas mesmas razões que já explicamos para o gênero, o *adjetivo* tem a capacidade de aparecer no singular ou no plural, dependendo do *sustantivo* que acompanha.
O *adjetivo* segue as mesmas regras que o *nombre* para a formação do plural: *blanco / blancos, blanca / blancas, breve / breves, feliz / felices, fiel / fieles, exterior / exteriores, ruin / ruines, gris / grises, portugués / portugueses, marroquí / marroquíes, hindú / hindúes*.
São raros os *adjetivos* que não variam em número. Por exemplo, *isósceles*: *un triángulo isósceles / unos triángulos isósceles*. Na língua coloquial usam-se *adjetivos* derivados e expressivos que se mantêm invariáveis quanto ao número: *frescales, viejales, rubiales, mochales, vivales*: *Ellos morenos y los hijos todos rubiales, La pobre mujer se había vuelto mochales*.

Apócope dos *adjetivos*

Alguns poucos *adjetivos* diminuem (perdem uma sílaba ou sofrem alguma redução) quando aparecem imediatamente antes de um *sustantivo*, porém se mantêm intactos nos demais casos.
• Os *adjetivos calificativos* **bueno, malo, santo**, os *indefinidos* **alguno** e **ninguno** e os *ordinales* **primero, tercero** y **postrero** transformam-se em **buen, mal, san, algún, ningún, primer, tercer, postrer**, respectivamente, quando precedem um *nombre* masculino: *Este ha sido un **buen** resultado* (pero *un resultado **bueno***), *Llegas en **mal** momento* (mas, *en un momento*

Los adjetivos/Os adjetivos

malo), *Estuvimos en la romería de **San** Benito, El trece de junio se celebra la fiesta de **San** Antonio, Lo habrás dejado en **algún** sitio, No había **ningún** chico interesante, El **primer** amor no se olvida nunca*. São exceções os casos de *Santo Tomás, Santo Tomé, Santo Toribio* e *Santo Domingo*.
- Em algumas *frases hechas*, o *adjetivo* **bueno** sofre apócope antes de um feminino: *A **buen** hambre no hay pan duro, En **buen** hora vino*.
- Por outro lado, o *adjetivo santo* somente sofre apócope antes de *nombres propios*: *Un santo varón, El Santo Nombre de Jesús, el Santo Padre*.
- O *adjetivo* **grande** se transforma em **gran** e o *adjetivo indefinido* **cualquiera** em **cualquier** antes de *sustantivos* masculinos e femininos: *Un **gran** hombre, Una **gran** mujer*. No entanto, quando o *adjetivo* é precedido pelos *adverbios de cantidad* **más** e **menos**, a apócope não ocorre: *El más **grande** personaje de la literatura*. Também não ocorre apócope quando o *adjetivo* **grande** se combina com outro *adjetivo*: *El **grande** y extraño acontecimiento*.
- Antes de um *nombre* masculino ou feminino no plural, o *numeral* **ciento** sofre apócope: *cien pesos, cien monedas*. Às vezes o *nombre* está implícito: *Una moneda de cien (pesetas), Éramos más de cien (personas, invitados)*. Dizemos **el cien por cien** mas *el treinta por **ciento**, el cincuenta por **ciento*** etc. Também se apocopa quando é seguido por outros *numerales*, desde que os multiplique e não se some a eles: ***cien** mil cabezas de ganado, **cien** millones de habitantes*, pero ***ciento** siete pesetas, **ciento** veinte kilómetros*.
- Sofrem apócope os *numerales compuestos* de **uno** antes de *nombres* masculinos no plural e antes do *numeral mil*: *Cuarenta y **un** diputados votaron en contra, El sindicato cuenta con **noventa y un** mil afiliados*.

- Antes de *nombres* masculinos e femininos no singular e no plural, sofrem apócope os seguintes *posesivos*: **mío** *(mía, míos, mías)*, **tuyo** *(tuya, tuyos, tuyas)* y **suyo** *(suya, suyos, suyas)*: *Hecho de menos* **mi** *país,* **mi** *casa,* **mis** *amigos y* **mis** *calles preferidas;* **Tu** *silencio,* **tu** *mirada,* **tus** *sobresaltos,* **tus** *ojeras son prueba de* **tu** *inquietud; Me enamoré de* **su** *mirar profundo, de* **su** *sonrisa melancólica, de* **sus** *silencios y de* **sus** *caricias.*

Grau do *adjetivo calificativo*

Outra particularidade do *adjetivo calificativo*, que não é característica dos *determinativos*, é sua capacidade de expressar graus de significação. Assim, do *adjetivo* **frío** podemos encontrar os graus *muy frío, el más frío, más frío, tan frío, menos frío*; e do *adjetivo* **bueno** encontramos: *el mejor, buenísimo, mejor, tan bueno, óptimo* etc.

O *adjetivo* pode aparecer em três graus: **positivo** *(guapo) (malo)*, **comparativo** *(más guapo, tan guapo, menos guapo), (peor, tan malo, menos malo)* e **superlativo** *(guapísimo, muy guapo, el más guapo), (malísimo, pésimo, el peor)*.

Formação do *comparativo*

De superioridad   **más ... que**
Clara es más simpática que Julia.

De igualdad   **tan (tanto) ... como**
Marisa es tan trabajadora como su madre.

De inferioridad   **menos ... que**
La película es menos interesante que la novela.

Com **más... que** e **menos... que**, quando o segundo termo da comparação é introduzido por *lo que* (ou seja, quando o segundo

Los adjetivos/Os adjetivos

termo é uma *proposición,* isto é, uma oração subordinada), normalmente usa-se a *preposición* **de** em lugar de *que*: *Es más listo de lo que tú te crees, Es menos difícil de lo que parece a simple vista.*

Como forma coloquial do *comparativo de igualdad* usa-se **igual de... que**: *El salón es igual de grande que el de mi casa.*

Alguns *adjetivos* têm formas comparativas especiais; são restos do sistema latino de grau do *adjetivo*:

bueno	**mejor**	*El vino es **mejor** que la cerveza.*
malo	**peor**	*Ese contrato es **peor** que el antiguo.*
pequeño	**menor**	*Esta mesa es **menor** que la mía, Aunque está más alto, el niño es **menor** que la niña.*
grande	**mayor**	*Necesito un despacho **mayor** que este, La niña es **mayor** que el niño.*
alto	**superior**	(só é usado com o sentido de *situado por encima de* ou de *notable* ou de *mucha importancia*) *Tiene un cargo **superior** al de director general, Vive en el piso **superior**, La calidad de aquella tela es **superior** a la de esta*; (porém *Este edificio es **más alto**).*
bajo	**inferior**	(só se usa com o sentido de *situado por debajo* ou de *escaso valor, de poca entidad*) *Vive en el piso **inferior** al mío, Esta tela es de **inferior** calidad que aquella.*

Em todos estes casos podem-se usar os *comparativos* com *más... que, tan... como* e *menos... que.* Por exemplo:
Más pequeño que, menos alto que etc.

Mas devemos excetuar as formas ***más bueno*** e ***más malo***, que só são usadas na língua vulgar.

Os *adjetivos* **interior**, **exterior**, **anterior**, **posterior** e os já estudados **superior** e **inferior**, de origem comparativa latina, em espanhol perderam em parte o sentido comparativo que tinham em latim e se comportam como qualquer *adjetivo* de grau *positivo*, ainda que não admitam, na língua culta, construções com *más ... que*: *una ventana* **exterior**, *un patio* **interior**, *el día* **anterior**, *el año* **posterior**; porém não poderíamos dizer *Un día más anterior que aquel* como se diría *Un día más frío que aquel*.

O superlativo

Expressa a qualidade do adjetivo em seu grau mais alto ou mais intenso

Forma-se com **muy** *largo*,   **muy** *largo*,
hábil,   **muy** *hábil*,
astuto etc.   **muy** *astuto* etc.

Hicimos un camino **muy** *largo. Tu padre es* **muy** *hábil para los negocios. Era una mujer* **muy** *astuta.*

Absoluto Expressa a qualidade no seu grau máximo
Forma-se também com o sufixo **-ísimo** (com suas variações de gênero e número) *triste*,   **tristísimo**,
largo,   **larguísimo**,
listo etc   **listísimo** etc.

Es una película **tristísima**. *Se me hizo* **larguísimo** *el viaje. Es un tipo* **listísimo**.

Alguns *adjetivos* na língua culta adotam o sufixo **érrimo**

mísero,   **misérrimo**,
pobre,   **paupérrimo**,
célebre,   **celebérrimo**,
pulcro,   **pulquérrimo**,
íntegro etc.   **integérrimo** etc.

Los adjetivos/Os adjetivos

*Reciben un salario **misérrimo**. Es un **celebérrimo** cantante de ópera.*

Relativo Expressa a qualidade, tanto de *superioridad* quanto de *inferioridad*, no seu grau máximo, mas com relação a outros *nombres* Forma-se com as partículas ***más*** ou ***menos*** precedidas pelos *artículos **el, la, los, las***, segundo o *nombre* ao que referimos (masculino, feminino, singular ou plural)

alto,	***el más alto***,
simpática,	***la más simpática***,
alegres,	***los más alegres***,
estudiosas, agraciado,	***las más estudiosas, el menos agraciado***,
veloz etc.	***las menos veloces*** etc.

*El alcalde es **el más alto** dignatario de la ciudad. Laura es **la más simpática** de las hermanas.*

A língua coloquial forma *superlativos* com os prefixos ***archi-, requete-, extra-*** e ***super-***: *una familia **archiconocida**, un chico **requetefeo**, un suceso **extraordinario**, una mujer **superimportante***.

Alguns *adjetivos* podem ter formas especiais para o *superlativo* :
bueno **óptimo**
*El año económico se cerró con **óptimos** resultados.*
malo **pésimo**
*Tu comportamiento de anoche fue **pésimo**.*
grande **máximo**
*Hay que sacar el **máximo** partido de esta situación.*
pequeño **mínimo**
*Ya veo que sigues la ley del **mínimo** esfuerzo.*

Para o *superlativo relativo*, esses *adjetivos* usam também as formas especiais do *comparativo*: *Se llevaron **la mejor** parte, Ha*

sido **el peor** *partido de la temporada, Me has dado **la mayor** alegría de mi vida, No tengo **la menor** idea de donde pueden estar.*
Alguns *adjetivos* têm sua forma modificada antes de receber o sufixo *superlativo*:

antiguo	***antiquísimo***
fiel	***fidelísimo***
cruel	***crudelísimo*** (popular: *cruelísimo*)
noble	***nobilísimo***
ardiente	***ardentísimo***
fuerte	***fortísimo*** (popular: *fuertísimo*)
cursi	***cursilísimo***
joven	***jovencísimo***
burlón	***burloncísimo***
simple	***simplicísimo***

Grau de palavras de outras categorias

Estes graus que vimos nos *adjetivos* podem aparecer também em outras palavras. Por exemplo, os *sustantivos* suscetíveis de qualificação podem adotar partículas análogas às dos *adjetivos*; dessa forma, dizemos: *más amigos, menos dinero, poco calor, mucho frío* etc.
Podemos estabelecer relações comparativas não só com *adjetivos* mas também com *sustantivos*, com *adverbios* e mesmo com *oraciones*: *En Brasil nos recibieron con más **calor** que en ningún otro sitio, Tiene más **dinero** que simpatía, Me gusta más **Miguel** que Pedro* (sustantivos), *Llegaron más **tarde** que temprano, El hermano pequeño fue más **lejos** que ninguno* (adverbios), ***Miente** más que habla, **Sabe** menos de lo que dice, **Se quieren** tanto como se pelean* (oraciones).

Colocação do *adjetivo*

O *adjetivo* pode aparecer junto ao *sustantivo* a que se refere ou em função do *predicado*, separado do *sustantivo* por um *verbo*:

*Conocimos a unos **chicos simpatiquísimos**, Vive en una **casa preciosa**, Tu **familia** es **encantadora**, Tu **coche** es muy **rápido**.*

Quando o *adjetivo* está junto ao *sustantivo*, pode aparecer antes ou depois dele: *Llevaba un **acompañante nuevo**, Apareció en la fiesta con su **nuevo acompañante***.

Em geral, o *adjetivo*, quando aparece depois do *sustantivo,* tem uma carga informativa maior, pois o especifica; enquanto o *adjetivo* que aparece antes do *sustantivo* simplesmente o explica, o descreve ou serve para criar um efeito de estilo. No exemplo anterior, *acompañante nuevo* informa de algo que o interlocutor provavelmente não sabe (que alguém tem um *acompañante nuevo*), enquanto *nuevo acompañante* somente explica, pois o falante dá por conhecida a existência do *acompañante* por parte do interlocutor.

Não obstante, a colocação do *adjetivo* depende muitas vezes da intenção do falante, e não de critérios objetivos.

A maioria dos *adjetivos* que incluem o *sustantivo* dentro de uma categoria (*socialista, comercial, gubernamental, ministerial* etc.) ou que indicam sua procedência ou nacionalidade (*brasileño, aragonés, gallego, italiano* etc.) e também os que indicam sua forma (*cuadrado, rectangular, pequeño* etc.) frequentemente aparecem depois.

Em alguns casos, o uso fixou certas combinações de *adjetivo* e *sustantivo* que funcionam como se fossem *sustantivos compuestos*: *fuego fatuo, alta mar, sentido común, libre albedrío* etc. e não admitem a mudança de posição sem perder ou modificar profundamente seu significado.

Em alguns casos, a diferença de posição do *adjetivo* modifica consideravelmente seu significado: *un simple secretario* (*sin más categoría que secretario*) / *un secretario simple* (*con poca capacidad o inteligencia*); *un triste camarero* (*humilde, sin importancia*) e *un camarero triste* (*con tristeza, apenado*); *Hay niños pobres* (*necesitados de bienes materiales*) *y pobres niños* (*nece-*

sitados de afecto o de una buena educación, aunque posean muchos bienes materiales).
Nas frases *exclamativas*, a posição do *adjetivo* depende da sua função gramatical:

— Se tem função de *atributo*, aparece imediatamente depois da partícula exclamativa: *¡Qué inteligente es esta chica!*, *¡Qué simpática es tu madre!*
— Nos demais casos, pode aparecer antes ou depois do *nombre*; porém, se aparece depois, entre o *sustantivo* e o *adjetivo* se intercalam as partículas **tan** ou **más**: *¡Qué dulce canción!*, *¡Qué buen día!* / *¡Qué canción tan dulce!*, *¡Qué día más bueno!*

Sustantivación del adjetivo

Frequentemente usamos o *adjetivo* com a função de *sustantivo*. Isso ocorre, em muitos casos, porque omitimos — por já conhecido — o *sustantivo* a que o *adjetivo* se refere: **Las jóvenes** *de hoy tienen otras ideas* (*mujeres jóvenes*), **Los viejos** *también tienen derecho a enamorarse* (*las mujeres y los hombres viejos*), *Prefiero el azul* (*el vestido, el pantalón* etc.). Às vezes, a *sustantivación* é tão completa que perdemos a noção do *sustantivo* omitido: *Esta* **lavadora** *no distingue tejidos* (*máquina lavadora*), *La* **locomotora** *se paró en mitad de la cuesta* (*máquina locomotora*), *Puso una tienda de* **accesorios** (*objetos accesorios*).
Para nos referir de maneira abstrata às características que o *adjetivo* expressa, também o *sustantivamos* na sua forma masculina e com o *artículo neutro* **lo**: *Lo principal es tener salud*, **Lo** *peor ya ha pasado*, *Hicimos* **lo** *imposible para que se quedara con nosotros*, **Lo** *importante es participar*.

Adjetivación de outras categorias de palavras

Muitas palavras e até *oraciones* podem desempenhar a função do *adjetivo* de determinar um *sustantivo*; por isso dizemos: *chico de película*, *pintura al óleo*, *escultura en mármol* e até *chica de pelo largo*, *hombre de pelo en pecho* etc., onde os *sustantivos película*, *óleo*, *mármol* e os grupos nominais *pelo largo* e *pelo en pecho* funcionam como *adjetivos*. Quando um *sustantivo* se adjetiva, perde a possibilidade de mudar de gênero ou de número para concordar com o *sustantivo* que determina; dessa forma, não podemos dizer *chicos de películas* ni *hombres de pelos en pecho*. As *proposiciones* introduzidas por um *pronombre relativo* funcionam como *adjetivos*: *Las habitaciones **que dan al norte** son más frías*, *Los chicos **que me presentaste ayer** me gustaron mucho*. Nestas *oraciones*, as *proposiciones* **que dan al norte** e **que me presentaste ayer** determinam os *sustantivos **las habitaciones** e **los chicos***, como o faria um *adjetivo*.

Em contraste com o português

Alguns *adjetivos* sofrem apócope com regras diferentes em português e em espanhol:

Santo se apocopa em espanhol em *san* e em português em **são**; mas em espanhol sofre apócope sempre que precede um *nombre* masculino singular, com as exceções de *Santo Tomás*, *Santo Tomé*, *Santo Toribio* e *Santo Domingo*. Em português sofre apócope só se o nome começa com consoante que não seja h: *San Alfonso* / **Santo** Alfonso, *San Antonio* / **Santo** Antônio, *San Ignacio* / **Santo** Inácio, *San Enrique* / **Santo** Henrique, *Santo Domingo* / **São** Domingos.

Outros *adjetivos*, como *grande*, *primeiro*, *terceiro*, não se apocopam em português: *Un **gran** hombre* / Um **grande** homem, *Vive en el **tercer** piso* / Mora no **terceiro** andar.

No segundo termo do comparativo, o português pode usar **do que** no lugar de *que*, como em espanhol: Mais alto **do que** o seu primo / *Más alto **que** su primo*.

No superlativo absoluto, nem sempre há paralelismo no uso dos sufixos **-ísimo** (íssimo) e **-érrimo**; o superlativo em **-érrimo** é mais frequente em português na língua coloquial:

ágil	*agilísimo / agílimo*
amargo	*amarguísimo / amaríssimo*
difícil	*dificilísimo / dificílimo*
fácil	*facilísimo / facílimo*
frágil	*fragilísimo / fragílimo*
humilde	*humildísimo / humílimo*
joven	*jovencísimo / juveníssimo*
negro	*negrísimo / nigérrimo*

A colocação do adjetivo nas exclamativas, quando não tem função de atributo, é diferente em português e em espanhol: *Qué buen día!* / Que dia bom!

VI. *Los elementos de la palabra* (Os elementos da palavra)

Já vimos que cada forma verbal é constituída por um grupo de fonemas que, nos verbos regulares, é constante em todas as formas de conjugação e que leva a carga significativa do *verbo*. Por exemplo, nas formas *cantamos, cantado, cante*, há uma parte comum, *cant-*, que se repete ao longo de toda a conjugação; esse grupo constante de fonemas é chamado **base**. O outro grupo de fonemas que se acrescentam à base para indicar modo, tempo e pessoa (*-amos, -ado, -e*) é chamado **formante**.

Os *formantes* são os elementos que podem mudar, ou seja, o mesmo *formante* pode ser acrescentado a *bases* diferentes; assim, os mesmos *formantes -amos, -ado, -e*, que vimos acrescentados à *base cant-*, podem aparecer com a *base habl-* ou com a *base cocin-* ou com a *base plant-* etc. Os *formantes* indicam nos *verbos* a pessoa, o tempo, e o modo; e nas outras palavras o gênero e o número.

O *formante*, por sua vez, pode ser constituído por outros elementos. Assim, em *cantamos, cantemos*, os *formantes -amos, -emos* são constituídos por **-a-** e **-mos** e **-e-** e **-mos**: *-a* e *-e* indicam o modo (*indicativo* e *subjuntivo* respectivamente) e *-mos* indica a pessoa (*nosotros*). O mesmo ocorre em *caras*: *-as* é um *formante* constituído pelo indicador de gênero feminino *-a* e pelo indicador de plural *-s*. O fato de que às vezes falta o *formante* ou algum de seus elementos é também muito significativo. Por exemplo, em *cara*, falta o elemento *-s* (de plural), que estava antes em *caras*; isto significa que é singular; nestes casos, dizemos que o indicador de plural é zero.

Nem sempre é possível separar os indicadores de um *formante*; por exemplo, em *hablé*, o *formante* **-é** indica, ao mesmo tempo, modo e pessoa. E, às vezes, dois *formantes* de conteúdos diferentes têm a mesma forma: O *formante -amos* de *Tú y yo hablamos mucho, pero no nos entendemos* e o de *Ya hablamos de esto la* *semana pasada*, mesmo tendo a mesma forma, indicam na primeira *oración* presente e na segunda, pretérito.

Os *formantes* nos *adjetivos* e nos *nombres*

Ao tratar o gênero, vimos que muitos *adjetivos* não têm *formante* que indique gênero: *mercantil*, *amable*, *feliz*. Isto é, têm *formante* zero para indicar tanto o masculino quanto o feminino. Também vimos que os *nombres*, em geral, não admitem *formante* de gênero: *sillón*, *mesa*, *hombre* só apresentam indicação de gênero nos *adjuntos* (complementos): (**un** *sillón pequeño*, **una** *mesa pequeña*, **un** *hombre sensato*).

Por encontrarmos muitos *nombres* femininos que terminam em *-a* e muitos *nombres* masculinos que terminam em *-o*, podemos pensar que *-a* e *-o* são *formantes* que indicam o gênero dos *nombres*, mas isto não é correto. A prova é que não são intercambiáveis, o que é característico dos *formantes*, isto é, não podemos dizer *sillona*, *meso*, *hombra*. Além disso, como já vimos, há *nombres* femininos terminados em *-o (mano)* e muitos *nombres* masculinos terminados em *-a (poeta)*.

No entanto, há alguns *nombres* de pessoas e animais que expressam o sexo do indivíduo mencionado mediante um morfema de gênero: *hermano / hermana*, *primo / prima*, *labrador / labradora*, *pastor / pastora*, *león / leona*, *ciervo / cierva* etc. Porém esses *nombres* são uma exceção, como já vimos ao tratar do gênero dos *nombres*.

No que se refere ao *formante* de número, tanto os *adjetivos* quanto os *nombres* geralmente admitem, como vimos no capítulo correspondente, um formante *-s* (ou *-es*) que denota plural: *bueno**s** / buena**s**, inteligente**s**, felic**es**, hombre**s**, director**es**, casa**s***. Mas também há *nombres* que não admitem *formante* de número: *jueves*, *crisis*, *tesis*.

Os *afixos*

A *base* de uma palavra pode ser formada por vários elementos. Em *nacer*, por exemplo, encontramos uma *base* formada por **nac-** e um *formante* **-er** (que indica *infinitivo*); mas em *renacer* a *base* é formada por um elemento **re-** e por outro elemento **nac-** (que em *nacer* é a *base*, mas agora é seu elemento principal e não a *base* completa) que é chamado **raíz**. Esse elemento que forma parte da *base* e que se acrescenta à *raíz* para modificar o sentido da palavra é chamado *afixo*.

Não devemos confundir os **afixos** com os **formantes**; os *afixos* afetam o sentido da palavra, ou seja, *renacer* não significa o mesmo que *nacer*; enquanto os *formantes* só afetam seu funcionamento na frase, isto é, *felices* significa o mesmo que *feliz*; a diferença está somente em que *feliz* é singular e se combina com *sustantivos* no singular, e *felices* é plural e se combina com *sustantivos* no plural.

Prefixos e sufixos

São chamados *prefixos* os *afixos* que aparecem antes da *raíz*, como em **con**tener e *sufixos* os que aparecem depois, como em hombre**cito**.
Na mesma palavra podem haver *prefixos* e *sufixos*: **con**tene**dor**, **com**padre**cito**.

Mudanças nos *afixos* e na *raíz*

Já vimos na conjugação dos *verbos* que algumas *bases* e *raíces* se modificam com a presença do *formante* (con*tar* / cu*ento*). Pois bem, os *afixos* também podem sofrer modificações na união com uma *raíz* ou *base* primária. Por exemplo, o *sufixo* aumentativo **-on** de *hombrón*, *culebrón* aparece modificado em *nubarrón*, *ventarrón*.

Essas mudanças algumas vezes se devem a razões gramaticais, como no caso do *sufixo -ble*, por exemplo, que aparece de forma diferente em *amable* e em *temible* porque as *raíces am-* e *tem-* procedem de *verbos* de diferente conjugação. Outras vezes, a modificação se produz por razões fonéticas, como a do *prefixo con-* em *concuñado, compadre, coautor*. Há casos em que a razão é puramente histórica, como em *devaluar* (tirar o valor) e *difamar* (tirar a fama).

Classes de *sufixos*

Pela sua forma de modificar a ideia contida na *raíz*, podemos distinguir duas classes de *sufixos*. Há *sufixos* que modificam o significado da *raíz* de uma maneira muito precisa, acrescentando algum aspecto à noção contida na *raíz*, como *-ble* em *admirable*, que à ideia de *admirar* acrescenta a de *cosa digna de admiración*; esses *sufixos* são chamados **significativos**. Outros *sufixos* afetam de modo superficial o significado da *raíz*; assim, por exemplo, o *sufixo -ona* em *mujerona* não acrescenta nada substancial ao significado de *mujer*, somente expressa tamanho maior e um sentimento de desprezo por parte do falante. Este segundo tipo de *sufixo* é chamado **apreciativo**. Observe-se que os *sufixos significativos* convertem uma palavra em outra diferente, inclusive de diferente categoria gramatical: *Brasil* (*nombre propio*) / *brasileño* (*adjetivo*); enquanto com os *sufixos apreciativos* a palavra continua sendo a mesma e seu uso depende do desejo do falante, e não da necessidade da mensagem.

Classes de *sufixos apreciativos*

Os *sufixos apreciativos* podem expressar, nos *nombres*, tamanho (*hermanito,* "*hermano pequeño*"; *muchachote,* "*muchacho grande*"); nos *adjetivos* e nos *adverbios*, intensidade (*pequeñito,* "*muy pequeño*"; *cerquita,* "*muy cerca*"). Em outras ocasiões denotam uma implicação pessoal do falante, que pode estar unida ou não à ideia de tamanho ou intensidade: *madrecita* denota mais uma atitude de afeto por parte do falante que tamanho pequeno; *calentito* significa mais *"agradablemente caliente"* que *"poco caliente"*. Os *sufixos apreciativos* que denotam tamanho são chamados **aumentativos** ou **diminutivos**. Normalmente os *diminutivos* levam implícita a ideia de afeto ou carinho e os *aumentativos* a de desprezo: *abuelita, valentón*. Mas também pode acontecer o contrário, isto é, que o *diminutivo* implique a ideia depreciativa e o *aumentativo* indique importância, qualidade ou bondade: *Es un mediqu**illo**, Tiene un carg**azo** en un Ministerio, Llevaba un abrig**azo**, Es un padr**azo***. Em alguns *sufixos*, a ideia de desprezo é a predominante: *vill**orrio**, cas**ucha**, libr**aco***. Esses *sufixos* são chamados **despectivos**. Às vezes, o diminutivo serve para intensificar: *Te quiero ver en casa tempranito* (= *muy temprano*).

Dentro dos *sufixos apreciativos*, é necessário incluir os *sufixos* **-ísimo** e **-érrimo**, que, como estudamos na epígrafe dedicada ao grau dos *adjetivos*, serve para intensificar: *lindísimo, carísimo, paupérrimo*. O *sufixo -ísimo* é aplicável a alguns *adverbios*: *lejísimos, prontísimo, amabilísimamente*.

Em alguns casos, o *sufixo apreciativo* provoca a mudança do significado da palavra; por exemplo, *mesa* significa o mesmo que *mesita*, mas não que *mesilla*, nem que *mesón*, nem é o mesmo *silla* que *sillón*, nem *paño* que *pañuelo* etc. Tanto é assim que a esses *sufixos* podemos acrescentar outros realmente *apreciativos*: *mesi**llita**, sill**oncito**, pañu**elito***.

Prefixos significativos e apreciativos

Existem *prefixos significativos*, como **extra-, des-, ante-** etc.: ***extra**rradio, **des**cabalgar, **ante**puesto*, e *prefixos apreciativos*, como **super-, archi-, re-, requete-** etc.: ***super**hombre, **arch**isabido*, *re**bonita**, **requete**simpática*. Também pode ocorrer que o mesmo *prefixo* seja em alguns casos *significativo* (***extra**territorial*) e em outros *apreciativo* (***extra**sensible*).

Prefixos mais usuais

a) <u>Significativos</u>

a-, *"acercamiento, unión"*: *acogida; "adoptar una cualidad o forma de ser o de estar de alguien o de algo"*: *acobardarse, afearse.*
a-, an-, *"sin"*: *ateo, analfabeto.*
ante-, *"antes"*: *anteposición.*
anti-, *"en contra de"*: *antimilitarista.*
circun-, circum-, *"alrededor"*: *circunscrito, circunvalación, circunciso.*
con-, com-, co-, *"en compañía de o asociado a"*: *consuegro, convecino, comadre.*
contra-, *"opuesto"*: *contradicción.*
des-, de-, *"sin"*: *desalmado, desmemoriado, decapitado.*
dis-, *"sin"*: *discontinuo.*
en-, em-, *"interioridad"*: *enfundar, encerrar; "adquisición de una cualidad o un estado"*: *encanecer, enquistar.*
entre-, *"en situación intermedia"*: *entrever, entresacar, entresuelo.*
ex- *"hacia fuera"*: *expuesto, expulsar; "que ha dejado de ser"* (escreve-se separado neste caso): *ex presidente, ex presidiario.*
extra-, *"situación externa"*: *extrasensorial, extravenosa.*
hiper-, *"en exceso, superior"*: *hipersensible.*
hipo-, *"escasez, inferior"*: *hipoglucemia, hipotenso.*
in-, im-, i-, *"negación"*: *incomestible, infalible, impresentable, irreconciliable; "lugar en donde"*: *imposición.*

Los elementos de la palabra/Os elementos... 97

infra-, *"por debajo de", "en situación de inferioridad"*: *infrahumano*.
inter-, *"en medio de, entre"*: *interurbano, intercontinental*.
intra-, *"en el interior"*: *intravenoso*.
pos-, y ***post-***, *"después de"*: *posguerra, pospuesto*.
pre-, *"con anterioridad"*: *preguerra, predecir*.
pro-, *"partidario o a favor de"*: *proamnistía*.
proto-, *"el primero, el que sirve de modelo"*: *prototipo, protomártir*.
re-, *"repetición, volver a"*: *renacer, reconstruir*.
retro- *"hacia atrás"*: *retroceder, retrotraer*.
sobre-, *"superioridad o exceso"*: *sobrecargado*.
sub-, *"inferioridad, defecto"*: *subnormal, subdesarrollo*.
super-, *"superioridad, exceso"*: *superdotado*.
trans-, tras-, *"en el otro lado de"*: *transbordador, traspuesto*.
ultra-, *"situado más allá de"*: *ultramarino*.

b) <u>Apreciativos</u>

archi-: *archiconocido*.
extra-: *extraordinario*.
re-, requete-: *resabido, requetesimpático*.
super-: *superimportante*.

Sufixos mais usuais

a) <u>Significativos</u>

I. De *NOMBRES*

Os que fundamentalmente denotam <u>cualidad</u>:

-anza: *confianza*.
-dad [-edad, -idad]: *humildad, ansiedad, habilidad*.

- **-ería**: *cursilería.*
- **-ez**: *niñez.*
- **-eza**: *extrañeza.*
- **-ía**: *camaradería.*
- **-ismo**: *cinismo.*
- **-ncia** *[-ancia, -encia]*: *constancia, ausencia.*
- **-or**: *dulzor.*
- **-ura**: *ternura.*

Os que fundamentalmente denotam <u>acción</u>:

- **-a**: *siembra.*
- **-aje**: *aterrizaje.*
- **-anza**: *añoranza.*
- **-atoria**: *escapatoria.*
- **-azo**: *manotazo.*
- **-ción** *[-ación, -ición]*: *eliminación, petición.*
- **-da** *[-ada, -ida]*: *entrada, salida.*
- **-do** *[-ado, -ido]*: *quejido.*
- **-dura**, *[-adura, -edura, -idura]*: *chifladura, añadidura.*
- **-e**: *raspe.*
- **-era**: *llorera.*

Os que servem para expressar <u>quien realiza la acción</u>:

- **-adera**: *serradera.*
- **-andero/-andera**: *barrendero.*
- **-dor/ -dora** *[-ador, -edor, -idor]*: *cobrador, pulidora, vendedor, abridor.*
- **-nte** *[-ante, -iente]*: *cantante, poniente.*
- **-ón**: *comilón.*

Os que expressam <u>la persona relacionada con</u>:

- **-ario/-aria**: *comisario.*

Los elementos de la palabra/Os elementos... 99

-*ero/-era*: fontanero, camarera.
-*ista*: ceramista, comunista.

Os que expressam *el lugar donde se guarda, se hace o hay algo*:

-*ario*: osario.
-*dero [-adero, -edero, -idero]*: secadero, bebedero, cocedero, mentidero.
-*dor [-ador, -edor, -idor]*: asador, corredor, recibidor.
-*duría [-aduría, -eduría, -iduría]*: pagaduría, expendeduria, freiduría.
-*ería*: librería, heladería, frutería, verdulería.
-*era*: tabaquera.
-*ero*: toallero.
-*torio [-atorio, -itorio]*: sanatorio, oratorio, escritorio.

Os que expressam *conjunto de cosas o de personas*:

-*ada*: muchachada.
-*ado*: profesorado.
-*aje*: ropaje.
-*ar, al*: olivar, encinar, trigal.
-*eda*: arboleda.
-*edo*: viñedo.
-*ena*: centena.
-*erío*: griterío.
-*ío*: poderío.
-*menta [-amenta, -imenta]*: osamenta.

Os que expressam *alguna ciencia o técnica*:

-*ica*: informática.
-*ística*: estadística, estilística.

II. De *ADJETIVOS*

Que indicam *relativo a*:

-al, -ar: *sindical, posconciliar.*
-ano/-ana, -iano/-iana: *colombiano, asturiana, ciudadano, lorquiano, picassiana.*
-ario/-aria: *centenario.*
-ense: *castrense, nicaragüense.*
-eño/-eña: *brasileño, salvadoreño, risueña.*
-ero/-era: *fulero, casero.*
-és: *cordobés, francés.*
-esco/-esca: *dieciochesco, goyesca.*
-í: *marroquí.*
-ico (sem acento): *satánico.*
-il: *monjil.*
-ino/-ina: *clandestino, manuelina.*
-ista: *separatista.*
-oso/-osa: *gracioso, latoso, talentosa.*
-tivo/-tiva [-ativo /-ativa, -itivo/-itiva]: *activo, relativa, sensitiva.*
-torio/-toria [-atorio/-atoria, -etorio/-etoria, -itorio/-itoria]: *condenatorio, inhibitorio.*
-uno/-una: *vacuno.*

Os que indicam que *posee o tiene semejanza con algo*:

-do/-da [-ado/-ada, -ido/-ida, -idizo/-idiza]: *afrutado, afrancesado, descolorida.*
-into/-ienta: *sediento.*
-izo/-iza: *enfermizo.*
-on/-ona: *cuarentón, cabezona.*
-udo/-uda: *sesudo.*

Indicam que _realiza una acción_:

-dizo *[-adizo/-adiza, -edizo/-ediza, -idizo/-idiza]: asustadizo.*
-dor/-dora *[-ador/-adora, -edor/-edora, -idor/-idora]: trabajador, cumplidor.*
-nte *[-ante, -ente, -iente]: sedante, pudiente, insistente, corriente.*
-ón/-ona: *sobón.*
-oso/-osa: *estudioso.*

Indicam que é _susceptible de recibir la acción_:

-ble *[-able, -ible]: contable, amable, comestible.*
-dero/-dera *[-adero/-adera, -edero/-edera, -idero/-idera]: pasadero, venidero.*

III. De *VERBOS*

-e(ar): *guerrear, vaguear.*
-ec(er): *enloquecer.*
-ific(ar): *edificar.*
-iz(ar): *ideologizar.*

b) _Apreciativos_

I. De *NOMBRES* e *ADJETIVOS*

1. **Diminutivos** (denotam *tamaño pequeño o intensidad, o aprecio o desprecio, a lo mencionado*):

-ito/a, -cito/a, -ecito/a, -cecito/a: *bajito, madrecita, viejecito, piececito.*
-illo/a, -cillo/a, -ecillo/a, -cecillo/a: *chiquillo, jovencillo.*
-ico/a, -cico/a, -ecico/a, -cecico/a: *ratico, pobrecico, piececico.*
-uelo/a, -zuelo/a, -ezuelo/a, -cezuelo/a: *chicuelo, ladronzuelo.*
-ín/-ina, -cín/-cina, -ecín/-ecina: *bailarín, pastorcín.*

-ete/a: *regordete.*
-ato/a: *niñato.*
-ezno/a: *lobezno.*
-aco/a, *-ajo/a*: *libraco, pequeñajo.*
-ejo/a: *bichejo.*
-uco/a, *-ujo/a*, *-uso/a*, *-uzo/a*, *-ucho/a*, *-usco/a*, *-uzco/a*: *ventanuco, peluso, flacucho, campuzo.*
-orro/a, *-orrio*: *calentorro, villorrio.*
(*-ito*, *-ico*, *illo* podem unir-se a alguns *adverbios* e *verbos* no *gerundio*: *tempranito, mismito, corriendito*).

2. **Aumentativos** (denotam *tamaño grande o intensidad, o repulsa o burla*):

-ón/a: *culebrón, paredón.*
-azo/a: *pelmazo, golpazo.*
-ote/a: *grandote, angelote.*

II. De *ADJETIVOS* e *ADVERBIOS* (denotam *intensidad*):

-ísimo/a: *grandísimo, prontísimo.*

III. De *VERBOS* (denotam *desprecio o burla*):

-orre(ar), *-urre(ar)*: *pitorrearse, cotorrear, canturrear.*
-ote(ar): *parlotear, gimotear.*
-ose(ar): *manosear, babosear.*
-uque(ar): *besuquear.*

Formação dos *diminutivos*

O uso mais frequente no espanhol geral é *-ito/-ita*. Mas também usam-se *-illo/-illa*, *-ico/-ica*, *-ín/-ina*, *-uco/-uca*, *-uelo/-uela*. O uso de um ou outro não afeta a conotação que acrescentam à palavra, isto é, quase sempre podemos usar indistintamente um ou outro para expressar a mesma coisa: *librito*, *librico*, *librillo*. Não obstante, essa liberdade de uso tem seus limites impostos por razões de cacofonia ou de norma; assim, podemos dizer *plazuela*, *callejuela*, mas não dizemos nunca *libruelo* (*de libro*), *hombruelo* (*de hombre*). O uso, por razões históricas, depende em boa medida da zona geográfica; em Asturias, usa-se *-ín/-ina*; em Santander, *-uco/-uca*; em Sevilha, *-illo/-illa*; em Aragão, Navarra e Granada, *-ico/-ica*. Nas Antilhas, Colômbia e Venezuela, usa-se *-ico/-ica* em lugar de *-ito*, quando é precedido por *-t*: *cintica*, *zapatico*.

- Nas palavras terminadas em *-a* e *-o* e nas de mais de duas sílabas terminadas em *-e*, elimina-se a vogal final antes de acrescentar o sufixo: *pera>perita, casa>casita, pájaro>pajarillo, juguete>juguetito.*
- Nas palavras terminadas em consoante que não seja *-n* ou *-r*, acrescenta-se o sufixo diretamente: *clavel>clavelito, árbol> arbolito, portugués>portuguesito.*
- Nas palavras terminadas em *-n* e *-r* e nas palavras de duas sílabas terminadas em *-e*, o sufixo aparece precedido por um *-c* (-cito/-cita): *rinconcito*, *pastorcito*, *pobrecito*.
- Nos monossílabos e nas palavras de duas sílabas que apresentam ditongo tônico, o sufixo aparece precedido por *-ec* (-ecito/-ecita): *florecita*, *viejecita*.
- Os *diminutivos* dos *nombres propios* de pessoa têm, às vezes, formas especiais: Carmen > *Carmencita, Carmina, Carmelilla, Carmucha*; Dolores > *Lola, Lolita*; María > *Maruja*; Antonio > *Antoñito*; José > *Joselito*.
- Não obstante, devemos considerar que estas regras têm muitas exceções e que, portanto, somente com o uso se adquire a segurança no emprego dos *diminutivos*.

Formação dos *aumentativos*

O *sufixo aumentativo* mais frequente é *-on/-ona*, mas também são usados *-azo/-aza, -ote/-ota, -acho/-acha, -achón/-achona*: *tablón, simplón, ojazos, amigote, ricachón*.
Como vimos, o sufixo *-on* pode apresentar outro elemento intercalado: *nube > nubarrón*.
Às vezes, o *sufixo aumentativo* denota tamanho pequeno: *isla>islote*.
Os *sufixos -acho/-acha* e *-achón/-achona* são puramente *despectivos*.

VII. *Los pronombres personales* (Os pronomes pessoais)

Em primeiro lugar, esclareceremos, como o faz a própria *Real Academia de la Lengua Española*, que o termo *personales* (pessoais) não é usado aqui em oposição a *"no personales"* (não pessoais), no sentido de pessoa que se opõe a coisa, mas alude às pessoas do discurso, ou seja, ao papel que pessoas e coisas desempenham no ato comunicativo de falar ou escrever. A referência que fazemos é ao fato de que se organizam em torno das pessoas gramaticais, como os *verbos*, os *demostrativos* ou os *posesivos*, e não que podem somente se referir a pessoas ou a seres personificados, visto que, neste caso, só os pronomes de 1.ª e 2.ª pessoa poderiam ser considerados como tais, e sabemos que os de 3.ª podem também designar seres não pessoais.

Denominamos *pronombres personales* um grupo limitado de palavras com as quais nos referimos às três pessoas que intervêm no discurso:

o falante / emissor (**primeira pessoa**);
o receptor da mensagem (**segunda pessoa**);
tudo sobre o que ou sobre quem se fala (**terceira pessoa**).

De um ponto de vista formal, veremos que os *pronombres personales* se comportam de forma peculiar com respeito ao *artículo* e aos *determinantes (adjuntos)* que os aproximam dos nomes próprios.

Paradigma dos pronombres personales

Formas			Funções sintáticas						
			Sujeito	Compts. com prep.			Compts. sem prep.		
			Sempre sem preposição				Formas átonas, proclíticas ou enclíticas		
			Exclusivas de sujeito	CD	CI	CC	Exclusivas de CC	CD	CI
primeira pessoa	singular	*yo*	X						
		me						X	X
		mí		X	X	X			
		conmigo					X		
		nosotros	X	X	X	X			

Los pronombres personales/Os pronomes...

Formas			Funções sintáticas							
			Sujeito	Compts. com prep.				Compts. sem prep.		
			Sempre sem preposição					Formas átonas, proclíticas ou enclíticas		
			Exclusivas de sujeito	CD	CI	CC	Exclusivas de CC	CD	CI
1.ª pessoa	plural	nosotras		X	X	X	X			
		nos							X	X
segunda pessoa	singular	tú	X							
		vos		X	X	X	X			
		usted		X	X	X	X			
		te							X	X
		ti			X	X	X			

Formas			Funções sintáticas						
			Sujeito	Compts. com prep.				Compts. sem prep.	
			Sempre sem preposição					Formas átonas, proclíticas ou enclíticas	
			Exclusivas de sujeito	CD	CI	CC	Exclusivas de CC	CD	CI
		contigo					X		
	plural	vosotros		X	X	X	X		
		vosotras		X	X	X	X		
		ustedes		X	X	X	X		
		os						X	X
		él		X	X	X	X		
		ella		X	X	X	X		
		ello		X	X	X	X		

Formas			Funções sintáticas						
			Sujeito	Compts. com prep.			Compts. sem prep.		
			Sempre sem preposição				Formas átonas, proclíticas ou enclíticas		
			Exclusivas de sujeito	CD	CI	CC	Exclusivas de CC	CD	CI
terceira pessoa	singular	*lo*						X	x *(loísmo; vulgar)*
		la						*X*	x *(laísmo; vulgar)*
		le							x *(leísmo; aceitável somente para pessoas)*	X
		se						X	X
	sí			X	X	X			

		Formas	Funções sintáticas					
		Sujeito	Compts. com prep.				Compts. sem prep.	
		Sempre sem preposição					Formas átonas, proclíticas ou enclíticas	
		Exclusivas de sujeito	CD	CI	CC	Exclusivas de CC	CD	CI
plural	*consigo*			X					
	ellos	X	X	X	X			
	ellas	X	X	X	X			
	los						X	x *(loísmo; vulgar)*
	las						X	x *(laísmo; vulgar)*
	les						x *(leísmo; aceitável somente para pessoas)*	X
	se							
	sí		X	X	X			
	consigo					X		

NOTAS:
As formas *mí, tú, él* e *sí* são acentuadas para diferenciar-se de *mi* (mi casa), tu (tu libro), *adjetivos posesivos*; de *el* (el niño), *artículo definido* e da *conjunción condicional si* (si quieres, lo haremos juntos).
Usted e *ustedes* funcionam como *pronombres* da segunda pessoa, mas exigem a concordância do verbo na terceira pessoa.
Ello é uma forma neutra. Não se refere nunca a pessoa ou coisa determinada, mas a conjuntos de coisas, a ideias complexas ou a fatos.
Vos é um *pronombre* que se usa no lugar de *tú* em algumas variantes do espanhol na América (Argentina, Uruguai).
***Vosotros* e *vosotras* são usados somente no espanhol peninsular**.

As pessoas gramaticais - O sistema das pessoas gramaticais se organiza tanto em espanhol quanto em português e as outras línguas românicas, em torno das três pessoas do discurso.

- **A primeira pessoa** é aquela que pode dizer *yo, nosotros* ou *nosotras* (eu, nós, em português) no discurso; é a que, no ato da comunicação, representa a função do falante, do emissor da mensagem; é a que o falante usa para designar-se a si mesmo. Todo o sistema se organiza em torno desse elemento; cada vez que um ser humano fala, assume o papel de falante. Sempre se trata de um ser humano; mesmo que em contextos e situações excepcionais possa tratar-se de um animal ou de uma coisa, estes sempre são humanizados.

- **A segunda pessoa** é aquela a quem a primeira recorre; é o destinatário, o receptor, o ouvinte da mensagem, com a qual o falante designa o seu interlocutor. Também tem signo humano positivo, mesmo que, em determinados casos, a mensagem esteja dirigida a animais ou coisas, pois estes sempre são sentidos como interlocutores, de alguma forma humanizados, na

medida em que os consideramos capazes de receber e entender a mensagem.
Logicamente, ao mudar a pessoa que fala, muda automaticamente o referente da primeira pessoa, e às vezes o da segunda. No diálogo, a primeira e a segunda se alternam.

- Chamamos de **tercera persona** a todos os seres, humanos ou não, que, no discurso, não desempenham a função de falante ou ouvinte (emissor ou receptor) da mensagem, implicados diretamente no ato de comunicação oral ou escrita, ou seja, a usada pelo falante para designar tudo o que não é falante ou ouvinte.

O gênero dos *pronombres personales*

Em espanhol, os pronomes de primeira e segunda pessoas não possuem a distinção masculino-feminino. No entanto, no plural há esta distinção: *nosotros/as*, *vosotros/as*. É importante observar que o uso das formas *nosotras* e *vosotras* é menos frequente que o das formas masculinas, principalmente na linguagem oral. Isto se deve à norma que exige o uso do masculino sempre que haja algum indivíduo masculino no grupo de referência. É menos frequente que se apresente a situação de se ter que referir-se a um grupo composto exclusivamente de pessoas do gênero feminino que a um grupo misto ou exclusivamente masculino. Muitas vezes, **a** falante se esquece de que faz parte de um grupo composto somente por mulheres e **o** falante ou **a** falante de que se dirigem a um grupo do mesmo tipo, graças à infrequência dessas situações, e usam incorretamente as formas *nosotros* no lugar de *nosotras* e *vosotros* quando deveriam dizer *vosotras*.

Também possuem distinção de gênero as formas do *pronombre* da terceira pessoa *él/ella/ello, ellos/ ellas, lo/la, los/las*, mas as formas *le* e *les* (para o complemento indireto da terceira pessoa) servem para o masculino e para o feminino; porém, como veremos mais adiante, esta norma sofre frequentes desvios na língua vulgar.

Como vemos, existe em espanhol uma forma de terceira pessoa singular com gênero neutro: *ello*. Este é outro ponto de divergência com o português, que carece de uma forma equivalente.

O neutro dos *pronombres* em geral serve, em espanhol, para designar objetos que não são bem conhecidos ou que não nos interessa considerar de um modo muito preciso: (*¿Qué es eso que estás leyendo?*) e também para reproduzir um conjunto de objetos não referido a pessoas (*Y usted anotó todo eso, y cuando quiere va y lo lee de nuevo*) ou fatos expressos em orações anteriores (*Se puede sonreír y no sentir nada, La gente lo hace y nada más, Sin que ello signifique que uno está especialmente alegre o triste*) ou o *predicado nominal* de uma oração (*No era una alucinación y desde luego valía más que no lo fuera*).

A forma *lo*, ainda que geralmente funcione como complemento, pode funcionar como *predicado nominal* reproduzindo anaforicamente, isto é, repetindo qualquer classe de *predicados* não pronominais e referidos a sujeitos de qualquer gênero ou número: *Todo ello estaba claro para mí, pero no lo estaba para mi jefe*.

A declinação dos *pronombres personales*

Tanto em espanhol quanto em português, o *pronombre* adota formas diferentes para as diferentes funções que desempenha na oração (*yo, me, mí, conmigo...*), o que faz com que muitos gramáticos concluam que existe uma declinação do *pronombre personal*; ou melhor, que o *pronombre personal* mantém restos da declinação que tinha em latim.

O número dos *pronombres personales*

Os signos linguísticos que representam as três pessoas do discurso indicam o número gramatical dos seres aos quais se referem. Há, dessa forma, signos linguísticos para representar a primeira, a segunda e a terceira pessoas do singular e para a primeira, a segunda e a terceira do plural.

Observe-se que a **primeira pessoa do plural** é uma pessoa coletiva que inclui o falante e pode incluir ou não o ouvinte; *nosotros = yo+(tú, vosotros, vosotras, él, ella, ellos, ellas, este, esta, estos, estas, aquel...).* A **segunda pessoa do plural** exclui o falante e inclui obrigatoriamente o ouvinte; *vosotros (-as) = tú + (tú, él, ella, ellos, ellas...).* A **terceira pessoa do plural** é a pessoa coletiva, a única que nos permite afirmar com propriedade que é o plural da forma correspondente no singular. Significa que *nosotros* não é uma agrupação de *yo + yo + yo...* nem *vosotros* o é de *tú + tú + tú...*, mas *ellos* pode ser de *él + él + él + ella...* A terceira pessoa do plural exclui, portanto, o falante e o ouvinte.

A variante *se* (*dativo*), que substitui *le* quando é imediatamente anterior a outro pronome que começa com **l**-: *se lo, se las* etc., é comum para o singular e o plural.

O mesmo ocorre com as formas reflexivas da terceira pessoa (*sí, consigo, se*).

A forma *ello*, neutro da terceira pessoa do singular, não possui forma correspondente para o plural.

A forma *sí* da terceira pessoa, paralela às formas *mí* e *ti*, ao contrário destas, não possui forma equivalente para o uso no plural (*nosotros, vosotros*), serve para o singular e o plural: *El pobre hombre no pide nada para sí, pide para su pueblo, Todos se conocían entre sí.*

Em antigos escritos aparecem *nos* e *vos* como formas do sujeito plural da primeira e segunda pessoa respectivamente. Mas a partir da Idade Média as formas compostas *nos-otros* e *vos-otros*, procedentes das formas latinas NOS ALTEROS e VOS ALTEROS, foram generalizadas. As formas *nos* e *vos* desapareceram do uso, no entanto deixaram marcas. *Nos* ainda se usa no lugar de *nosotros*(*as*) na linguagem popular de algumas zonas da região leonesa. Com o valor de *yo* se usou e ainda se usa em escritos, cartas, decretos etc. assinados por monarcas ou altos dignitários da Igreja. *Vos* com valor de segunda pessoa do singular, *tú*, se usa para tratamento de altas dignidades da corte ou da Igreja (*Vos, Majestad, tenéis la obligación de velar por los intereses de la Patria*). Esse plural, quando usado no lugar do singular em altas hierarquias, recebe o nome de **plural mayestático**.

A forma *vos* também vive em alguns territórios americanos com o valor de *tú* (*¿Qué sabés vos de mis sueños ni de mis frustraciones?*); trata-se do fenômeno conhecido como **voseo**.

Em palestras, informes, livros etc., o autor usa, às vezes, formas do plural para referir-se a si mesmo. Trata-se de uma fórmula estilística para suavizar o uso de *yo*, *mí*, *me*, *conmigo*, que pode ser interpretado como falta de modéstia, ou para diluir a responsabilidade da autoria ou da afirmação (*No nos parece arriesgado presentar esta tesis en estos momentos*). É o que denominamos **plural de modestia**.

O *pronombre personal* em função de *sujeto*

Em espanhol, o verbo inclui um morfema de pessoa claramente diferenciado, o qual distingue perfeitamente qual das três pessoas é o sujeito gramatical. Compare-se:

amo	(I)	love
amas	(You)	love
ama	(He /She/It)	loves
*am***amos**	(We)	love
*am***áis**	(You)	love
*am***an**	(They)	love

Isso torna pouco necessário o uso do *pronombre personal* para indicar um sujeito explícito. O *pronombre personal sujeto* aparece somente quando o falante o considera indispensável para que sua

mensagem seja entendida corretamente. Quando aparece tem geralmente um caráter enfático e expressivo:*¿Quién eres **tú** para hablarme de esa manera?*; — *¿Venís al cine? —**Yo** no puedo*.
Logicamente a forma ***usted*** é usada com mais frequência que as outras. Em primeiro lugar para evitar a ambiguidade com a terceira pessoa, já que a forma verbal usada é a mesma; e em segundo lugar para enfatizar que o interlocutor está recebendo tratamento formal.
Por outro lado, os *pronombres personales* da terceira pessoa em função do sujeito explícito somente são usados quando se referem a pessoas, ainda que, como já vimos, esses pronomes também possam referir-se a coisas.

Posição do *pronombre personal sujeto*

O *pronombre sujeto* pode vir antes ou depois do verbo, obedecendo a determinadas razões estilísticas, mas sua posição não é indicativa de nenhuma atitude concreta do falante; ou seja, o fato de que apareça depois do verbo, por exemplo, não indica, como em outros idiomas, que a oração é interrogativa: *No **soy yo** quien lo ha dicho, **has sido tú***.

As formas do *pronombre personal* em função de *sujeito*

	primeira pessoa		segunda pessoa		terceira pessoa		
	masculino	feminino	masculino	feminino	masculino	feminino	neutro
singular	**yo**		**tú** **usted** **vos**		**él**	**ella**	**ello**
plural	**nosotros**	**nosotras**	**vosotros** **ustedes**	**vosotras** **ustedes**	**ellos**	**ellas**	

O *pronombre personal* em função de *complemento*

O *pronombre personal* em função do complemento (objeto) pode aparecer com *preposición* ou sem ela.

• Com *preposición*:

A **primeira** e a **segunda pessoa** utilizam para o plural as mesmas formas do sujeito, antepondo a preposição conveniente: *Me divierto mucho **con vosotros**, **Para nosotros** era muy importante aquel trabajo*. Ocorre o mesmo com a forma ***vos*** do singular no uso de alguns falantes da América Hispânica: *Cantarán **para vos***. No singular só são usadas as mesmas formas do *sujeto* com as *preposiciones **entre*** e ***según***: ***Entre tú y yo** siempre hubo confianza*, ***Según tú**, no había nada que hacer*. Com as outras preposições usam-se as formas ***mí*** e ***ti***: *Para **mí** todo es importante*, *A **ti** todo te da igual*. Existem também as formas ***conmigo*** e ***contigo*** para expressar companhia: *¿Vienes **conmigo** al cine?, Me encanta estar **contigo***.

A **terceira pessoa** utiliza as formas do *sujeto*, tanto no singular quanto no plural, antepondo a *preposición* conveniente: ***Con él** llegó el escándalo, Haría cualquier cosa **por ella**, Eso no es importante **para ellos**, Ya me he referido antes **a ello***. No entanto, em registros formais da língua ou em expressões fixadas pelo uso, é normal usar a forma **sí**, de valor exclusivamente reflexivo tanto para o singular quanto para o plural: *La muchacha estaba fuera **de sí**, El accidentado no volvía **en sí**, **Para sí** lo quisieran ellos*. Existe também a forma ***consigo*** para expressar companhia: *El pobre hombre tuvo que emigrar y llevar **consigo** a toda su familia*.

• Sem *preposición*:

O *pronombre*, como todo *sustantivo*, pode funcionar como *complemento directo* (objeto direto) e como *complemento indirecto* (objeto indireto). Nestes casos, usamos formas especiais do *pronombre* chamadas *átonas*, ou seja, não acentuadas.

São as seguintes:

		primeira pessoa		segunda pessoa		terceira pessoa		
		masculino	feminino	masculino	feminino	masculino	feminino	neutro
Complemento Directo	singular	me	me	te	te	lo	la	lo
	plural	nos	nos			os	los	las
Complemento Indirecto	singular	me	me	te	te	le	le	
	plural	nos	nos	os	os	les	les	

Observe-se que as formas da primeira e da segunda pessoa são as mesmas para o *complemento directo* e para o *complemento indirecto*: Tu primo **me** abrazó muy efusivamente, Tu padre **nos** trata muy bien (*C.D.*), Tu primo **me** pidió el libro de gramática, Tu padre **nos** ha traído un regalo precioso (*C.I.*).

Los pronombres personales/Os pronomes... 119

As formas de *complemento directo* e *indirecto* correspondentes ao *pronombre sujeto* **usted** são as da terceira pessoa: *Es usted muy buena, por eso todo el mundo la quiere* (*C.D.*), *Si le dijera la verdad, no me creería usted* (*C.I.*).

No que se refere à terceira pessoa, este é o uso recomendado pela *Real Academia* e é o que prevalece entre os falantes cultos da América Hispânica. No entanto, costumam produzir-se entre os falantes, principalmente os peninsulares, algumas alterações desse paradigma. Logo, é frequente o uso de *le* para o *complemento directo* masculino no lugar de *lo*: *Es un hombre muy interesante, no le pierdas de vista / Es un hombre muy interesante, no lo pierdas de vista*. Quando o *pronombre* se refere a objetos e não a pessoas (*Era un libro precioso pero se le presté a tu hermano y no me le devolvió / Era un libro precioso pero se lo presté a tu hermano y no me lo devolvió*), o uso de *le* por *lo* tem um efeito estranho e mesmo sendo muito frequente em *Castilla la Vieja*, a *Academia* o considera vulgar e desaconselhável. Também se considera vulgar, mesmo sendo muito usado na Espanha nos registros mais populares, o uso de *la* no lugar de *le* para o *complemento indirecto* feminino: *Esa niña se porta muy mal, no la van a traer nada los Reyes Magos / Esa niña se porta muy mal, no le van a traer nada los Reyes Magos*.

Existem alguns verbos que exigem sempre um *complemento indirecto*: **agradar**, **doler**, **interesar**, **molestar**, **parecer** (*bien, mal*), **gustar**...

Colocação do *pronombre personal complemento*

Geralmente os *sustantivos*, em função do *complemento*, aparecem depois do *verbo*. Mas quando o *sustantivo* é um *pronombre personal*, aparecerá antes se o *verbo* estiver em uma forma pessoal que não seja a do *imperativo*, e depois do *verbo* e enclítico, ou seja, unido à forma verbal, se estiver no *infinitivo, gerundio* ou *imperativo*: *No **te** veo hace semanas*, *¿**Le** dirás lo que piensas?*, *Esa documentación **la** traigo en la cartera*, *Di**le** que la quiero*, *Es preferible dejar**lo** en paz*, *Estoy·hablándo**te** muy en serio*, *La documentación lléva**la** cuanto antes*. Quando o *infinitivo* ou o *gerundio* apresentam antes outro *verbo* em forma pessoal, os *pronombres* podem ser colocados antes do *verbo* que está na forma pessoal, e não enclíticos ao *infinitivo* ou ao *gerundio*: *Voy a decir**te** una cosa* = ***Te** voy a decir una cosa*, *Quiero enseñár**selo*** = ***Se lo** quiero enseñar*. As formas verbais do *imperativo* sofrem transformações quando unidas aos *pronombres*:

Primeira pessoa do plural : *Callemos / Callémonos* (**perde** o **s**).

Segunda pessoa do plural: *Callad / Callaos* (**perde** o **d**).

Quando em uma mesma oração coincidem dois *pronombres personales átonos*, um com a função de *complemento directo* e outro com a função de *complemento indirecto*, sempre se coloca em segundo lugar a forma do *pronombre* que começa com **l**, seja ela de *complemento directo* ou *indirecto*: *Ya **os lo** advertí* (*indirecto / directo*), ***Te le** entregaste sin oponer ninguna resistencia* (*directo / indirecto*). Se *me* coincide com *te*, *se*, *os*, ocupa o segundo lugar: ***Se me** ha muerto el canario*, *No **te me** adelantes*. Quando temos que usar duas formas seguidas com **l**, a primeira (que sempre é o *complemento indirecto **le*** ou ***les***) se transforma em *se*. Desta forma que não dizemos *Le lo advertí*, nem *Pídelelas*, mas *Se lo advertí*, *Pídeselas*.

As construções pronominais

Não devemos confundir o uso desta forma *se* do *pronombre* que acabamos de estudar com a forma *se* usada em construções pronominais.

Vejamos estas frases:

Carmen se lava siempre con jabón de coco.
Carmen se lava siempre la cabeza en casa.

As duas apresentam o *pronombre se*, mas este *se* não é uma transformação de *le* ou *les*. Ao dizer *Carmen le lava siempre con jabón*, estaríamos dizendo que *Carmen lava siempre con jabón a otro (su hijo /* seu filho, *su hermano /* seu irmão...*)*. Quando dizemos que *Carmen se lava,* estamos dizendo que a pessoa que realiza a ação de lavar é a mesma pessoa lavada. Este *pronombre personal se*, que no *predicado* representa a mesma pessoa que realiza a ação, ou seja, o *sujeto* (em função do *complemento directo / se lava*, ou *indirecto / se lava la cabeza*), é chamado **reflexivo**. Tem a mesma forma para a terceira pessoa do singular e do plural e para masculino e feminino: *(Él) se lava, (Ellos) se lavan, (Ella) se lava, (Ellas) se lavan*. Vale também para a segunda pessoa de *cortesía*: *(Usted) se lava, (Ustedes) se lavan*. A primeira pessoa (*yo, nosotros, nosotras*) e a segunda (*tú, vos, vosotros, vosotras*) não têm uma forma específica para o uso *reflexivo*; usa-se a mesma forma átona que para o *complemento directo* ou *indirecto*: *(Yo) me lavo, Me lavo la cabeza*; *(Nosotros, nosotras) nos lavamos, Nos lavamos la cabeza*; *(Tú) te lavas, Te lavas la cabeza*; *(Vos) te lavás, Te lavás la cabeza*; *(Vosotros, vosotras) os laváis, Os laváis la cabeza*.

Essas mesmas formas do *pronombre* são usadas para outras construções pronominais:

• Com sentido recíproco

Numa frase como *Carmen y Paco se escriben todos los días*, o *pronombre se* indica que *Carmen escribe a Paco* e *Paco escribe a Carmen*. Para diferenciar bem o sentido recíproco do reflexivo, compare estas duas frases: *Miguel y yo nos escribimos todos los días*, *Miguel y yo nos lavamos todos los días*. Na primeira entendemos que *Miguel me escribe a mí y yo le escribo a Miguel todos los días*; na segunda que *Miguel se lava todos los días y yo me lavo todos los días*, e não que *Miguel me lava a mí y yo lavo a Miguel*.

• Para enfatizar a mensagem

Em alguns casos, usamos estas formas pronominais simplesmente para fazer com que a mensagem seja mais expressiva: *David **se** bebió un litro de vino*, *Jacinto **se** murió en diciembre*, ***Nos** hemos tomado un bocadillo*, ***Me** caí del andamio*, *¿**Os** habéis bebido todo el zumo?* Significariam o mesmo: *David bebió un litro de vino*, *Jacinto murió en diciembre*, *Hemos tomado un bocadillo* etc. Já não aconteceria o mesmo com *Carmen se lava* y *Carmen lava*.

• Com sentido incoativo

Há frases em que esses *pronombres* não funcionam como *complemento directo* ou *indirecto*; simplesmente servem para transformar o significado do verbo indicando o começo da ação: *Se va al cine* (está iniciando a ação de ir ao cinema) / *Va al cine* (está realizando a ação de ir ao cinema), ***Me** dormí tarde* (*"Empecé a dormir tarde"*) / *He dormido muy bien*. Essas construções só são possíveis com alguns verbos.

• Obrigatoriamente

Há verbos que exigem o uso dessas formas pronominais: *arrepentirse*, *jactarse*, *suicidarse*: ***Se** arrepintió de haberse casado con aquel hombre*, ***Se** jacta de ser el socio número 1 del Barcelona*, *Prohibido suicidar**se** en primavera*.

Na chamada *construcción pronominal media*

Analisemos as seguintes frases:

*Carmen **se** lava siempre con jabón de coco.*
*El pajarillo **se** cayó del nido.*
*La vieja torre de la catedral **se** vino abajo.*

Sobre a primeira já comentamos que o *pronombre se* servia para indicar que a pessoa lavada era a mesma que realizava a ação (Carmen), por isso dissemos que tem sentido reflexivo. O caso das outras duas orações é muito diferente; não queremos dizer que *"el pajarillo haya caido a sí mismo del nido"*, nem que *"la torre haya venido abajo a sí misma"*; o que dizemos é que a *"el pajarillo"* e a *"la torre"* aconteceu-lhes, sem que nada nem ninguém tenha feito nada para isso, alguma coisa. Esse tipo de construção chama-se *construcción pronominal **media***. Pode aparecer com as outras pessoas: ***Te** caiste por no tener cuidado, Después de lo del accidente **me** he venido abajo.*

• Com sentido passivo

Nas orações:

***Se** vendieron un millón de copias de su último disco.*
***Se** publicó la noticia en el periódico de ayer.*
***Se** arreglan sillas.*
*Este edificio **se** construyó para las Olimpiadas del 92.*

O *sujeto* não é alguém que faz algo a si mesmo, como em *Carmen se lava*, ou que faz algo, como em *Jaime canta muy bien*. Nessas orações o *sujeto* é uma coisa que sofre algo, como em *El pajarillo se cayó del nido*. No entanto, trata-se de uma construção diferente da *pronominal media*, porque só pode referir-se a coisas, só pode ser usada na terceira pessoa e, principalmente, pode transformar-se em construções *pasivas* (*Un millón de copias de su último disco fueron vendidas, La noticia fue publicada en el periódico de ayer, Este edificio fue construido para las Olimpiadas del 92*), mesmo que as orações resultantes não sejam de uso muito frequente, porque o espanhol evita o uso da *pasiva* (*Sillas son arregladas*). Essas construções pronominais são chamadas de **pasivas**.

• Com sentido impessoal

Há, por último, um tipo de construção com *se* que não tem *sujeto*:

Se dice que el Gobierno está a punto de caer.
Se está muy bien en este café.

Ele se distingue das *pasivas* (*La noticia se publicó en el periódico de ayer*) e das *medias* (*El pajarillo se cayó del nido*) porque só pode usar o verbo na terceira pessoa do singular, frente a *Las noticias **se publicaron**..., Los pajarillos **se cayeron**...* Essas construções são chamadas **impersonales**.

O *pronombre* em função de *predicativo*

Para designar de maneira global uma qualidade mencionada anteriormente com um adjetivo ou substantivo, em espanhol usa-se frequentemente um *pronombre neutro*. Em geral o *pronombre personal* na forma átona *lo*: *Su marido es simpático, pero ella **lo** es más aún, Nosotros estamos hartos de esta situación, pero tú **lo** estás más, Será muy listo, pero a mí no me **lo** parece*. Pode aparecer com outros *pronombres neutros*: *Esa actitud es de personas maleducadas y tú no eres **eso***. Usa-se com os verbos *ser, estar, parecer*; com outros verbos é muito raro.

Los pronombres personales/Os pronomes... 125

Em contraste com o português

O pronome sujeito é usado muito mais em português que em espanhol, principalmente no português do Brasil, para evitar as ambiguidades causadas pelo uso de você e a gente:
A gente **canta**
Ele/Ela **canta**
Você **canta**

Os *pronombres personales* de primeira e segunda pessoas do plural têm em espanhol as formas femininas *nosotras, vosotras*, que o português não tem, apresentando somente **nós** e **vós** (no Brasil, **vocês**) tanto para o masculino quanto para o feminino.
O português também carece da forma de gênero neutro para a terceira pessoa do singular ***ello***: *Estaba lloviendo mucho, pero **ello** no fue obstáculo para que se celebrase el partido*.

No português do Brasil, como no espanhol, são duas as formas de tratamento: a de **intimidade** e a de **cortesía**. Já vimos que em espanhol usa-se *tú, vosotros* e, em algumas regiões da América Hispânica, com maior ou menor aceitação social, *vos*, para o tratamento de intimidade, e *usted, ustedes* para o de cortesia. O espanhol das Canárias, da Andaluzia e da América usa a forma plural *ustedes* indistintamente para intimidade e para cortesia.

você = *tú, vos*
o senhor, a senhora = *usted*

O uso de **você** no português do Brasil é equivalente ao uso de *vos* no espanhol, só que com você usa-se a terceira pessoa do singular, enquanto o *vos* do espanhol desenvolveu formas verbais específicas diferentes em cada região: *Vos cantás* (Río de la Plata), *Vos cantís* (falas populares do Chile)...

A colocação do pronome átono em português é diferente da colocação do espanhol.

Como já vimos, em espanhol o *pronombre* é enclítico com verbos no *Infinitivo, Gerundio* e *Imperativo afirmativo*, e proclítico com as demais formas conjugadas:

Llámame mañana por la mañana.
Te vi en el parque.

Quando o *infinitivo* ou o *gerundio* apresentam antes outro verbo em forma pessoal, o *pronombre* pode aparecer antes desta forma pessoal ou depois do *Infinitivo* ou do *Gerundio*:

Voy a darte un regalo.
Te voy a dar un regalo.

Já em português, os critérios para a colocação dos pronomes pessoais são um pouco mais complexos, principalmente porque a norma contempla quase exclusivamente a variante lusitana, desconsiderando a fala culta (e principalmente a popular) do Brasil.

Pronome enclítico em espanhol e proclítico em português

No debes decirle eso. / Não deves **lhe** dizer isso (norma popular).

Llámame por la noche./ **Me** ligue à noite.

Perdóneme./ **Me** perdoe.

Estás engañándome./ Você está **me** enganando. (Brasil)

Estás a **me** enganar. (Portugal)

Pronome proclítico em espanhol e enclítico em português

Se vende apartamento./ Vende-**se** apartamento.

Me parece muy interesante./ Parece-**me** muito interessante.

Se hace necesaria la reforma./ Faz-**se** necessária a reforma.

Lo vamos a traducir hoy (ou vamos a traducirlo hoy)./ Vamos traduzi-**lo** hoje.

Em português, na língua culta, ocorrem combinações de pronomes átonos (o que funciona como objeto indireto vem em segundo lugar): lhe+o = **lho**, lhe+a = **lha**, lhe+os = **lhos** e lhe+as = **lhas** (pouco frequente no português do Brasil), o que não ocorre em espanhol. Em espanhol, como já vimos, o que ocorre é que a forma *le*, quando aparece antes de outro pronome que começa com l, transforma-se em *se*.

Em espanhol, por razões de boa educação, devemos colocar a pessoa que fala em segundo lugar em construções como *entre tú y yo...*, *entre vosotros y nosotros...*; em português (principalmente no Brasil), apesar de não ser considerado correto, é comum ouvir em falas populares construções como entre nós e vocês...

VIII. *Los demostrativos*
(Os demonstrativos)

Este grupo de pronomes é usado para referir-se a um nome ou a um fato em relação com a situação do falante. *Este* é o que está perto do falante, enquanto *aquel* é o que está longe e *ese* é o que está mais perto de você (o ouvinte) do que de mim (o falante). No discurso, *este* será o que acabo de citar e *aquel* o que citei antes: *Me gusta tanto la música clásica como la popular, aquella porque me deleita y esta porque me entretiene*. A situação pode ser considerada também com relação ao tempo, e não só ao espaço: *Aquellos eran buenos tiempos y no estos*.

Formas de *pronombres demostrativos*

	Proximidade do falante			Proximidade do ouvinte			Longe de ambos		
	masculino	feminino	neutro	masculino	feminino	neutro	masculino	feminino	neutro
singular	este	esta	esto	ese	esa	eso	aquel	aquella	aquello
plural	estos	estas	–	esos	esas	–	aquellos	aquellas	–

Os *demostrativos* podem funcionar como *adjetivos* (quando acompanham um nome) ou como *sustantivos* (pronomes): *Este* (adjetivo) *abrigo no está mal, pero* ***aquel*** (pronome) *era precioso*. Quando funcionam como *sustantivos*, normalmente são acentuados, para diferenciar-se dos *adjetivos*. No entanto, a *Real Academia de la Lengua Española* aconselha esse acento somente em casos que possam dar lugar a ambiguidade. Não existe forma neutra para o *adjetivo*; visto que não há substantivos neutros, nenhum adjetivo precisa ser neutro para fazer a concordância.

Los demostrativos/Os demonstrativos

Em contraste com o português

As formas do plural do *demostrativo* masculino no espanhol são feitas com **o**: *estos*, *esos*, *aquellos*, enquanto em português são feitas com **e**: est**e**s, ess**e**s, aquel**e**s. No português coloquial do Brasil não se distinguem este / esse, esta / essa etc.

Em espanhol, o *demostrativo* não admite contração com preposições como em português: nessa, nisto / *en esa*, *en esto*.

A forma portuguesa **isso** costuma aparecer na linguagem oral com sentido afirmativo ou de aprovação, muito amplo, que não é usual em espanhol.

IX. *Los numerales*
(Os numerais)

Servem para referir-se a seres em relação à sua quantidade. Podem ser *pronombres* ou *adjetivos*: *Conocidos tengo muchos, amigos solo **tres*** (pronome), *Me costó **dos mil** pesetas* (adjetivo), *No llegaré antes de las **ocho*** (adjetivo substantivado).

Não têm variação de *número*: *uno* é singular e todos os outros são plurais. Com relação ao gênero, são masculinos, mas **uno** e **veintiuno** e todos os terminados em *-cientos* e **quinientos** têm sua forma feminina correspondente: **una, veintiuna, doscientas, trescientas, cuatrocientas, seiscientas, setecientas, ochocientas, novecientas, quinientas.**

Há um tipo de numerais, sempre *adjetivos*, que indica a posição ocupada pelo nome dentro de uma série: *el **tercero** de la derecha es Carlos*. Esses *adjetivos* são chamados *ordinales*. Todos têm variação de gênero e número: *Si entrenas puedes conseguir el **primer** lugar, Marta siempre es la **primera** en todo, Nuestro equipo olímpico consiguió los **primeros** puestos en la clasificación*.

<u>Numerales cardinales</u>

1 *uno/a*	10 *diez*	19 *diecinueve*	70 *setenta*
2 *dos*	11 *once*	20 *veinte*	80 *ochenta*
3 *tres*	12 *doce*	21 *veintiuno/a*	90 *noventa*
4 *cuatro*	13 *trece*	22 *veintidos*	100 *cien*
5 *cinco*	14 *catorce*	....	
6 *seis*	15 *quince*	30 *treinta*	
7 *siete*	16 *dieciséis*	40 *cuarenta*	
8 *ocho*	17 *diecisiete*	50 *cincuenta*	
9 *nueve*	18 *dieciocho*	60 *sesenta*	

Los numerales/Os numerais

101 ciento uno/a
200 doscientos/as
300 trescientos/as
400 cuatrocientos/as
500 quinientos/as
600 seiscientos/as
700 setecientos/as
800 ochocientos/as
900 novecientos/as

1000 mil
2000 dos mil
10.000 diez mil
100.000 cien mil

1.000.000 un millón
10.000.000 diez millones
1.000.000.000 mil millones (un millardo)
1.000.000.000.000 un billón
1.000.000.000.000.000.000 un trillón

Como podemos ver, a lista de *adjetivos* ou *pronombres* numerais é muito reduzida: *uno/a, dos, tres, cuatro, cinco, seis, siete, ocho, nueve, diez, once, doce, trece, catorce, quince, veinte, treinta, cuarenta, cincuenta, sesenta, setenta, ochenta, noventa, cien* (ou *ciento* / diferença entre *cien* e *ciento*: ver <u>Apócope</u>) e *quinientos*. Todas as outras são palavras compostas a partir destas. No entanto, a partir destas palavras é possível dar nome a infinitos números.

Incluímos aqui as palavras **un millón**, **un millardo**, **un billón** etc. porque servem também para numerar; gramaticalmente não são numerais, mas sim nomes do mesmo tipo que outros nomes coletivos, como *decena, docena, centena, centenar, millar*, e funcionam como tais; apresentam *artículo*, podem ser acompanhados por *adjetivo*, podem vir no singular, plural etc.: *un millón, el millón, un millón largo, pocos millones*.

Observe que de **dieciséis** a **veintinueve** os números compostos se escrevem em uma só palavra, enquanto a partir de **treinta y uno** se escrevem separados. A *conjunción* **y** só é usada entre dezenas e unidades em números compostos: *veintiuno, veintinueve, treinta y uno, cuarenta y tres*; mas dizemos *ciento dos, quinientas nueve*.

Uno e seus compostos (*veintiuno, treinta y uno* etc.) sofrem apócope, ou seja, perdem a última vogal, antes de um nome masculino ou antes de *mil*: *un kilo de manzanas, cuarenta y un días, cincuenta y un mil pesetas*. O mesmo ocorre com **ciento** antes de **mil**, antes de um nome masculino ou feminino, na expressão **cien por cien** e, às vezes, sem ter depois um nome expresso, porque está claramente subentendido: *Cien mil personas presenciaron el partido, Te lo he dicho más de **cien** veces, Este tejido es de algodón **cien por cien**, Se vende todo a **cien***.

Ambos é um numeral especial porque serve para expressar o número dois e ao mesmo tempo a totalidade: *Se han restaurado la torre y el claustro de la catedral, **ambos** corrían peligro de derrumbamiento*. É mais próprio da língua escrita; a linguagem oral prefere dizer *los dos*.

<u>*Numerales ordinales*</u>

São todos *adjetivos* e, dessa forma, podem aparecer substantivados. Portanto têm variação de gênero e número: *Es **la primera** vez que te veo estudiar, Se casó en **segundas** nupcias con una rica heredera, Indurain es siempre **el primero** en llegar a la meta*.
Na língua coloquial de hoje, do **décimo** em diante costuma-se substituir pelo *cardinal* correspondente: *Carlos **Primero**, Felipe **Segundo*** (mas *Alfonso **Trece***), *Vive en un **cuarto** piso* (mas *Vive en el piso **veintitrés***).
Primero e **tercero** perdem a vogal final antes de nome masculino singular: *Hoy es el **primer** día del año, El equipo está en **tercer** lugar*.

Los numerales/Os numerais

1.º primero
2.º segundo
3.º tercero
4.º cuarto
5.º quinto
6.º sexto
7.º séptimo
8.º octavo
9.º noveno (nono, forma antiga)
10.º décimo
11.º undécimo
12.º duodécimo
13.º decimotercero
14.º decimocuarto
15.º decimoquinto
16.º decimosexto
17.º decimoséptimo
18.º decimoctavo
19.º decimonoveno (decimonono, forma antiga)
20.º vigésimo
21.º vigésimo primero
30.º trigésimo
31.º trigésimo primero
40.º cuadragésimo
50.º quincuagésimo
60.º sexagésimo
70.º septuagésimo
80.º octagésimo
90.º nonagésimo
100.º centésimo
101.º centésimo primero
200.º ducentésimo
300.º tricentésimo
400.º cuadringentésimo
500.º quingentésimo
600.º sexcentésimo
700.º septingentésimo
800.º octingentésimo
900.º noningentésimo
999.º noningentésimo nonagésimo noveno
1.000.º milésimo
1.861.º milésimo octingentésimo sexagésimo primero
2.000.º dosmilésimo
3.000.º tresmilésimo
4.000.º cuatromilésimo
10.000.º diezmilésimo
100.000.º cienmilésimo
500.000.º quinientosmilésimo
1.000.000.º millonésimo

Não devemos confundir os *numerales ordinales* com os **adjetivos partitivos**, que se constroem acrescentando o sufixo *-avo* a um *numeral cardinal* para indicar o número de partes em que se divide a unidade, das quais se nomeia uma: *Se comió una **doceava** parte del pastel*.

Em contraste com o português

O uso da conjunção difere do português.
Como já vimos, em espanhol usa-se entre dezena e unidade, mas não entre as centenas e as dezenas, como em português:

37 *treinta y siete* / trinta e sete; mas 840 *ochocientos cuarenta* / oitocentos **e** quarenta.

Também não se usa entre os milhares e as centenas, como em português. Mas em português se usa, e nisto difere do espanhol, quando uma das cifras das centenas, dezenas ou unidades é zero:

1.438 *mil cuatrocientos treinta y ocho* / mil quatrocentos e trinta e oito; mas 78.045 *setenta y ocho mil cuarenta y cinco* / setenta e oito mil **e** quarenta e cinco, 269.003 *doscientos sesenta y nueve mil tres* / duzentos e sessenta e nove mil **e** três.

O uso dos ordinais é mais frequente em português que em espanhol.

Locuções com numerais de diferente construção:

una de las dos	das duas uma
cada dos por tres	a dois/às duas por três /cada dois por três
de dos en dos	a dois e dois /de dois em dois

Los numerales/Os numerais

Ambos, quando usado como adjetivo, intercala em português um artigo, o que é impossível em espanhol: Ambas **as** cidades têm os seus encantos / *Ambas ciudades tienen sus encantos*, Ambas **as** filhas casaram com homens ricos / *Ambas hijas se habían casado con hombres ricos*.

Em português não se usa **ambos** para referir-se a pessoas ou coisas opostas:
Os dois (e não ambos) líderes se enfrentaram nas eleições do ano passado.

X. *Los indefinidos*
(Os indefinidos)

São uma classe de palavras que podem funcionar como *pronombres*, *adjetivos* ou *adverbios* e que se referem ao nome de forma imprecisa. Essa imprecisão pode estar relacionada com a identidade do nome: ***Alguien*** *te está buscando*, *Me gustaría saber **algo** de Pedro*, *Eso no se le ocurre a **cualquiera***; ou com a quantidade: *Hay **muchos** que no pueden valerse por sí mismos*, ***Nadie*** *me ha dicho lo contrario*, *No lo llames que ya somos **demasiados***, *Tengo **pocos** amigos*, ***Todos*** *querían saber más detalles sobre el acontecimiento*.

Para expressar quantidade:

uno/a	A **uno** ya no le asusta nada.
mucho/a/os/as	**Muchos** prefirieron no salir de sus casas.
alguno/a/os/as	**Algunas** me preguntaron por ti.
poco/a/os/a	**Pocos** sabían la mala noticia.
más	Cada año somos **más**.
menos	Cada vez vamos quedando **menos**.
demasiado/a/os/as	He visto **demasiadas** cosas.
todo/a/os/as	No **todo** el monte es orégano.
ninguno/a/os/as	A **ninguna** le interesa, tanto como a mí.
bastante/es	Vivió durante **bastantes** años en Cuba.
algo	Debe de ser **algo** maravilloso ser padre.
nada	No tengo **nada** que decir.
varios/as	Estuvo inconsciente **varias** horas.
uno/a/os/as	Le llevé **unas** revistas.
unos/as cuantos/as	Vinieron **unos cuantos** amigos.

Para expressar distribuição:

cada	**Cada** oveja con su pareja.
cada uno/a	Les regaló un piso a **cada uno**.
cada cual	**Cada cual** que atienda a su juego.

Los indefinidos/Os indefinidos

Para expressar indiferença:

quienquiera/quienesquiera que	*Se lo haría a **quienquiera que** fuese.*
cualquiera/cualesquiera	*No se lo doy a **cualquiera**.*

Para expressar diversidade:

otro/a/os/as	*La verdad es que preferiría **otra**.*
demás	*Debemos pensar en los **demás**.*
diferente/es	*Tú y yo tenemos gustos **diferentes**.*
diverso/a/os/as	*Vive de actividades **diversas**.*
vario/a/os/as	*Lo hice por **varias** razones.*

Para expressar igualdade:

igual/es	*Todos somos **iguales** ante la ley.*
semejante/es	*No es que sean iguales exactamente, pero son muy **semejantes**.*
tal/tales	*Nunca había tratado asuntos de **tal** importancia.*
mismo/a/os/as	*Todos tenemos el **mismo** derecho.*
propio/a/os/as	*Los **propios** hijos no quieren saber de él.*

Algumas particularidades:

Alguns *indefinidos* têm variação de gênero e número: *alguno, alguna, algunos, algunas*; outros, só de número: *bastante/bastantes;* outros só de gênero: *cada uno/cada una*; e outros são invariáveis: *algo*.

Os *cuantitativos* podem ser substituídos por um *numeral*: *Siete prefirieron no salir de casa, Tres me preguntaron por ti*; o que não significa que se refiram sempre a seres numeráveis. Os *pronombres cuantitativos* são usados no plural quando se referem a seres; no singular, incluídos *algo* e *nada*, que não têm plural, se referem a quantidades, com o mesmo sentido neutro de *esto, eso*, *aquello, ello*: *Dame **algo** de comer*, *Que nunca tengamos **menos**, ¡Con **todo** lo que habéis hecho por él!*

Alguien e ***nadie*** são *pronombres* masculinos e sempre se referem a pessoas; ***algo*** e ***nada*** são *pronombres* neutros e sempre se referem a coisas; no entanto, todos eles sempre exigem concordância em masculino: ***Alguien** más **espabilado** ya se nos adelantó*, *Quería leer **algo** distinto*, *No había **nada** divertido que hacer*.

Algo, ***alguien***, ***alguno*** são opostos a ***nada***, ***nadie***, ***ninguno***, sendo os primeiros afirmativos e os outros negativos; portanto, se estão depois do verbo, este deve vir em forma negativa: *Llamé por si había **alguien**, pero **nadie** contestó*, ***No he visto** nada ni a nadie*.

Algo pode aparecer junto com um *adjetivo* masculino ou feminino e com alguns nomes com o significado de *"un poco"*: *Su mujer es **algo** torpe*, *Aquella chica era **algo** bruja*. Pode ser usado com sentido *partitivo* junto com a preposição *de*: *Necesito **algo** de ese dinero*.

Alguno/a/os/as pode ser *pronombre* e *adjetivo*. Pode se referir a pessoas ou a coisas. *Entre todos aquellos chicos había **alguno** interesante*.

Como *adjetivo* sofre apócope antes de um *sustantivo* masculino: *¿Había **algún** amigo tuyo entre los accidentados?* Pode ser usado no lugar de *ninguno* depois do nome em orações negativas: *No hay **manera alguna** de convencerlo*.
Ninguno/a/os/as pode ser também *pronombre* e *adjetivo*; é usado com sentido oposto a *alguno* e a *todos*: *Te prestaría algunos discos pero no tengo **ninguno** de música brasileña*. Como *adjetivo*, antes de um nome masculino também sofre apócope: *Hoy no tengo **ningún** compromiso*.

Otro/a/os/as é *adjetivo* e *pronombre*. Pode ser usado com *artí-*

Los indefinidos/Os indefinidos

culo, mas só com o definido: *Yo soy **la otra** y a nada tengo derecho, La televisión está en **otra habitación**, **El otro** apartamento es más grande*. Se usado com numerais, aparece antes deles: *Aquellos **otros dos** son mis hermanos*. Se usado com *alguno* ou *ninguno*, deve ser colocado depois: *Dame **alguna otra** razón para ello*.

Mismo/a/os/as indica identidade: *Tenemos los **mismos** gustos*; mas se usado depois de um *sustantivo* serve para enfatizar: *Su padre **mismo** lo echó de casa*.

Propio/a/os/as têm o mesmo valor enfatizador de identidade que *mismo*: *Su **propio** padre lo echó de casa*.

Demás não sofre variação de gênero ou número; pode ser usado com *artículo definido masculino* ou *femenino* para referir-se a pessoas: *¿Dónde andan **los demás**?* Como *adjetivo* aparece sempre com nomes no plural: *Los **demás** parlamentarios votaron en contra*; ou em singular substantivado com o *artículo neutro* para referir-se a coisas: *Para mí lo importante es mi carrera y **lo demás** me tiene sin cuidado*.

Tal/es é usado com valor de *demostrativo* para indicar identidade: *A **tal** amo **tal** señor*. Usa-se também precedido de *artículo indefinido* com nomes de pessoa: *Una **tal** Carmen anda preguntando por ti*.

Cada funciona como *adjetivo* que serve para individualizar ou distribuir dentro de um grupo. É invariável, ou seja, não possui gênero ou número. No entanto, pode ser usado com nomes masculinos e femininos no singular ou no plural: ***Cada*** *oveja con su pareja*, ***Cada*** *mochuelo a su olivo*. Quando acompanha nomes no plural é necessária a presença de um *numeral* intercalado: ***Cada treinta minutos*** *sale un tren para Madrid*.

Na língua coloquial pode ser usado como substantivo em construções de tipo elíptico, isto é, aquelas em que o substantivo não aparece explícito: *Te los vendo a mil pesetas **cada***. Pode ter também um valor progressivo e ao mesmo tempo um valor distributivo: ***Cada** día que pasa estás más guapa*; ou de correlação e correspondência: ***Cada** cosa en su momento*. Às vezes, aparece usado com o sentido de generalização e não de distribuição: ***Cada** lunes voy al cine* (por ***Todos** los lunes voy al cine*); esse uso parece ser de origem catalã, ainda que possa ser ouvido também na América Hispânica: ***Cada** domingo en la iglesia, yo le pido al Señor que me ayude a olvidarte*.

Na língua coloquial, frequentemente é usado com valor enfático, com sentido de *"tanto"*, *"tan grande"* ou de *"mucha importancia"*, *"valor"*, ou algum tipo de *"calidad"*: *Los domingos nos juntamos todos y organizamos **cada** juerga, Se encuentra uno **cada** tipo por el mundo, Había **cada** chica en la playa*.

Cada cual e ***cada uno*** são *pronombres* que servem para individualizar dentro de um grupo; são equivalentes, mas ***cada cual*** se usa somente para referir-se a pessoas; no espanhol americano é frequente ouvir ***cada quien*** em lugar de *cada cual*: ***Cada cual** tiene sus gustos, Le daba a **cada uno** lo que necesitaba, Ahorita se me van todos de aquí **cada quien** por su vereda*.

Cualquiera/cualesquiera é *pronombre* e *adjetivo*; sofre apócope antes de *sustantivo* masculino ou feminino: *Eso lo hace **cualquiera**, **Cualquier** mujer en su lugar hubiera hecho lo mismo*. Quando aparece depois tem sentido pejorativo: *La trata como a una **cualquiera***. ***Cualquiera***, mesmo não tendo feminino, exige concordância no feminino quando se refere a seres femininos: ***Cualquiera** de ellas era menos **guapa** que tú*.

Cualquiera que e ***cualesquiera que*** exigem verbo no *subjuntivo*: ***Cualesquiera** que **sean** tus intenciones, cuenta conmigo*.

Los indefinidos/Os indefinidos

Uno/a é um *indefinido* com valor de *pronombre personal*; é usado para representar a pessoa que fala: *Una ya tiene* (por *yo ya tengo*) *muchos años para dejarse engañar así como así*.

Mucho/a/os/as, poco/a/os/as, bastante/bastantes, demasiado/a/os/as podem ser *pronombres, adverbios* e *adjetivos*. Quando são adjetivos, concordam com o nome: *Tiene* **muchos** *hijos,* **poco** *dinero,* **demasiadas** *deudas y* **bastante** *buen humor*. Quando funcionam como *pronombres*, vão sempre no plural: ***Pocos*** *consiguen llegar a esa marca,* ***Muchas*** *se conformarían con la mitad de lo que tu tienes*. Quando são *adverbios*, logicamente são invariáveis: *Trabajas* ***demasiado****. Me gusta* ***mucho*** *tu camisa*.

Mucho como *adverbio* adota a forma apocopada *muy* quando aparece antes de outro *adverbio* ou de um *adjetivo*: *Es una mujer* ***muy inteligente****, Era un hombre* ***muy guapo****, Reprendió a su padre* ***muy severamente***; ou quando aparece antes de qualquer outra palavra ou grupo que desempenhe a função de *adverbio* ou *adjetivo*: *Eres* ***muy niño*** *aún para un trabajo tan duro, Llevaba un traje* ***muy de fiesta****, Yo soy* ***muy de salir por la noche***. Antes dos *adjetivos mayor, menor, mejor, peor* e dos *adverbios más, menos, antes, después*, não sofre apócope: *Este piso es* ***mucho mayor*** *que el mío, Llegaremos nosotros* ***mucho antes*** *que él*.

Todo/a/os/as quando funciona como *adjetivo* precede o *sustantivo* e pode apresentar um *artículo*, um *posesivo*, um *demostrativo* ou o *adjetivo uno/a* intercalados: *Vive durante* ***todo el año*** *en La Habana, Se presentó con* ***todos sus hijos****,* ***Todo este lío*** *lo has armado tú,* ***Toda una vida*** *me estaría contigo*.

Quando está no singular e acompanhado de um *sustantivo*, tem o sentido de "*por completo*", "*por entero*": *Se ha bebido* ***toda la leche***. Se está imediatamente antes do *sustantivo* sem *artículo* nem nenhuma outra partícula, tem o valor de *cualquiera*: ***Toda mujer*** *quiere ser amada*. Na língua coloquial costuma aparecer antes de um *adjetivo* com o valor de *muy*: *El muchachito se presentó **todo repeinado***. A expressão ***todo un/una*** é usada com o sentido de *"verdadero"*, *"auténtico"*, *"completo"*: *Su padre era **todo un caballero**, A pesar de sus pocos años, es **toda una mujer***. Como *pronombre indefinido*, serve para indicar a totalidade dos elementos a que se refere: ***Todos** bajaron la cabeza y se quedaron callados*; pode ser neutro: *Ya **todo** es inútil*. Na função de *complemento directo* (objeto direto) ou de *atributo* (predicativo do sujeito), geralmente é reforçado por *lo*: *Tu hermana me **lo** contó **todo** / Prefiero escribir**lo todo** yo / El dinero no **lo** es **todo***.

Em contraste com o português

Em espanhol *todo* é variável em gênero e número, como em português; mas o português tem uma forma **tudo** invariável, que não existe em espanhol: *Para **tudo** tem que ter jeito / Para **todo** hay que tener habilidad*. Quando o pronome **tudo** funciona como objeto direto ou como predicativo, em português não se reforça com *lo*, como já vimos que se faz em espanhol: *El amor **lo** puede todo* / O amor pode **tudo**.

O português e o espanhol usam a forma adjetiva **todo/a/os/as** com o sentido de *"entero"*, *"completo"*, porém em espanhol usa-se um *artículo* intercalado entre *todo* e o nome; além disso, a posição do adjetivo é diferente nas duas línguas: *Passou **a vida toda** lutando pela democracia / Pasó **toda la vida** luchando por la democracia*. Em português, se o adjetivo antecede o nome, o artigo desaparece; já em espanhol ele permanece: **Todo** mundo quer saber o que aconteceu / ***Todo el** mundo quiere saber lo que sucedió*.

O espanhol não usa o indefinido *mismo* de forma tão ampla quanto o português usa **mesmo**. Em português, **mesmo** tem um valor enfático que não se aplica ao *mismo* do espanhol: **Mesmo**

Los indefinidos/Os indefinidos

quando dá certo, o amor é uma desgraça. Nossa! Você emagreceu **mesmo**! Em espanhol teríamos que dizer *Incluso quando funciona el amor es una desgracia, ¡Caramba! has adelgado de verdad.*

Em espanhol **otro** pode ser usado com artigo definido, mas não com o indefinido: *Me gusta más el otro pantalón* mas *Tráiga otra cerveza, por favor*; enquanto em português pode ser usado com os dois: Gosto mais **da outra** calça, Traga **uma outra** cerveja diferente (ou mais uma), por favor.

Tanto em espanhol quanto em português, **bastante** pode aparecer com função de advérbio, porém em espanhol tem um significado intermediário entre *"poco"* e *"mucho"*, enquanto em português equivale a *"muito"*. Por isso, quando dizemos em espanhol *Llovió* **bastante** queremos dizer que não choveu nem pouco nem muito; já no português coloquial, Choveu **bastante** significa que choveu muito.

O indefinido **qualquer** com função de pronome, em português, é usado com **um** ou **uma** como reforço, o que não ocorre em espanhol: Não é **qualquer um** que pode fazer isso / *Eso no lo puede hacer* **cualquiera**..

O indefinido **uno** usado em espanhol, segundo vimos, como forma indefinida do *personal yo* (***Uno** ya se toma la vida con calma*), tem seu equivalente no português **a gente**: **A gente** já não sabe muito bem o que fazer / ***Uno** ya no sabe muy bien qué hacer*; mas a forma portuguesa tem um uso muito mais amplo e mais frequente em expressões nas quais o espanhol usa outras fórmulas:

yo, me, mí, conmigo

A gente te ama, mas você não dá atenção para **a gente** / *Yo te quiero pero tu no **me** prestas atención*.

a gente   *nosotros, nos*

Você quer vir **com a gente**? / *¿Quieres venir **con nosotros**?*

---

uno

A gente sabe muito bem onde é que lhe dói a ferida / ***Uno** sabe muy bien donde le duele la herida.*

se

A gente não sabe como o Governo vai reagir / *No **se** sabe cómo el Gobierno va a reaccionar.*

XI. *Los relativos*
(Os relativos)

Da mesma forma que os outros *pronombres*, desempenham a função de *sustantivo*, mas se diferenciam dos demais porque também funcionam como elementos de enlace que convertem a oração em uma **proposición adjetiva**: *Te traigo la dirección **que** me pediste*. No que se refere ao significado, representam em sua oração um *sustantivo* anteriormente citado. No exemplo anterior observamos como *que me pediste* é uma *proposición adjetiva* cujo elemento de enlace é o *pronombre relativo que*. Esse *relativo* representa na *proposición* o substantivo *dirección*. Como *que*, por sua vez, é um *pronombre*, desempenha a função de *complemento directo* (objeto direto) na mesma *proposición*.

Às vezes, o *pronombre relativo* não se refere a nenhum *sustantivo* anterior como en **Quien** *a hierro mata, a hierro muere*.
Assim, o *relativo* serve para converter uma oração em um adjacente do substantivo em um grupo nominal unitário, ou seja, reduz a oração à função de um *adjetivo*. Nesta capacidade de transpositores ou subordinadores, os *relativos* coincidem com as *preposiciones* e com as *conjunciones*.
Às vezes, quando o antecedente é conhecido, a oração pode se substantivar por meio do *artículo* como qualquer outro *adjetivo*: **Los que** *tengan prisa pasen a esta ventanilla, por favor*.

Essas *proposiciones adjetivas* introduzidas por *relativos* classificam-se em: **especificativas** e **explicativas**. *Especificativas* são as que servem para especificar ou limitar o significado do nome a que se referem: *Los alumnos que sabían español organizaron un viaje a México* (ou seja, não todos os alunos, mas só os *que sabían español*). As *explicativas* servem para desenvolver ou completar o significado do *sustantivo* a que se referem: *Los alumnos, que sabían español, organizaron un viaje a México* (isto é, *todos los alumnos sabían español*; trata-se de um esclarecimento, de outra informação sobre os alunos). A diferença entre essas duas orações é: na primeira não há nenhuma vírgula — e tanto na linguagem oral como na escrita não há pausa — entre o nome e a *proposición*; e na segunda há vírgulas na língua escrita e pausas na linguagem oral.

Outros exemplos:

Especificativa:

Los extranjeros que nos visitan se van impresionados por la amabilidad de nuestro pueblo.

Explicativa:

Aquel muchacho, que parecía tan insensible, se echó a llorar en mis brazos.

Os *relativos* têm, como vimos, uma função na *proposición* que introduzem. Essa função pode ser a de um *sustantivo (pronombre)*, de um *adjetivo* ou de um *adverbio*. No entanto, nem todos os *relativos* podem desempenhar as três funções.

Os *pronombres relativos* são:

que	*Aún no he visto la película **que** me recomendaste.* *La chica **que** te presenté trabaja aquí al lado.*
quien/quienes	*El chico con **quien** sale está de vacaciones.* *Estos son los señores de **quienes** te he hablado.*
el cual	*No se fiaba ni de su padre, **el cual**, efectivamente, era poco de fiar.* *Tenía unas pocas rentas de **las cuales** vivía.*

cuanto/a/os/as   *Se merece **cuanto** le ocurra.*
   *Hizo felices a **cuantas** mujeres se le acercaron.*

Que é invariável, *quien* tem variação de número, *cual* tem variação de número e não de gênero, porém, como sempre é usado com um *artículo*, graças a ele distingue o gênero, e *cuanto* tem masculino e feminino, singular e plural.

Que e *cual* servem para referir-se a pessoas e a coisas; *cuanto*, no singular, se refere só a coisas e no plural a pessoas ou a coisas; *quien* normalmente só se refere a pessoas.

Que geralmente se refere a um *sustantivo*: *Los amigos en que uno confía no deberían fallarnos nunca*; mas em algumas ocasiões pode referir-se a um *adjetivo*: *Hasta ese día no se había dado cuenta de lo **cariñosa** que era aquella mujer*; ou a um *adverbio*: *¿Has visto lo **tarde** que es?;* e mesmo a uma oração completa: *Hemos llegado sanos y salvos, **que** no es poco.* Esse tipo de *proposiciones* é mais frequente com outros *relativos* que expressam melhor seu valor neutro: *Gana para comer tres veces al día, **lo cual** no es poco.*

Quando o antecedente de *que* se refere a tempo ou modo, o *relativo* é usado com a *preposición* correspondente, mas frequentemente a *preposición* é omitida nos seguintes casos: *El día en que me quieras = El día que me quieras, La primera vez en que te vi = La primera vez que te vi, No me gusta nada la forma en que me miras = No me gusta nada la forma que me miras.*

Que pode ser precedido por um *artículo determinado* como um modo de substantivar a *proposición adjetiva* : ***El que** viva lejos, que coja un taxi*. Este uso de ***el que/ la que/ los que/ las que*** é análogo ao de ***quien, quienes***, mas tem a vantagem de indicar, além do número, o gênero. Com muita frequência *que* aparece precedido por *artículo* no lugar de *que* ou de *el cual*, quando sua função na *proposición adjetiva* precisa de uma *preposición*: *El chico **con que** se casó es pintor* = *El chico **con el que** se casó...* = *El chico **con el cual** se casó...*; *La playa **a que** solemos ir es muy tranquila* = *La playa **a la que**...* = *La playa **a la cual**...*

A la que (= *cuando, tan pronto como*) e ***en lo que*** (= *mientras*) são duas *locuciones conjuntivas* construídas a partir do *relativo que*: ***A la que** te descuidas, te quitan la silla*, ***A la que** empiece el griterío, nos levantamos y nos vamos*, ***En lo que** llegan, me da tiempo a afeitarme*, ***En lo que** telefoneas a tu madre, pongo la mesa*.

El cual, além de *pronombre relativo,* pode também aparecer como *adjetivo* mesmo que só na língua literária, e ainda assim raramente: *Recibió una carta de Ayamonte, de **la cual** ciudad solo sabía que quedaba cerca de Portugal.*

Além desses, há outros *relativos*:

Um *adjetivo*:

Cuyo	*Vivía en una casa **cuyos** balcones rebosaban de flores.*
	*Y allí estaba la muchacha **cuyos** ojos le habían obsesionado toda la noche.*

E os *adverbios*:

Donde	*La calle **donde** vivimos es muy silenciosa.*
	*Los pueblos por **donde** pasa el río viven de la pesca.*
Cuando	*Aquella tarde **cuando** nos encontramos me sentí feliz.*
	*En esos días de invierno, **cuando** el frío arrecia, no hay nada como una buena siesta.*

Como   *Lo mejor de todo era la forma **como** me trataba.*
         *Tan pronto **como** pude vine para acá.*

Em contraste com o português

Em português, é frequente a repetição do *relativo* em *proposiciones coordinadas*, o que é pouco frequente em espanhol: *Las cosas **que** contaba y escribía no las había vivido* / As coisas **que** contava e **que** escrevia não as tinha vivido.

O português usa com mais frequência **qual/quais**, principalmente quando o *relativo* é complemento com *preposición* e o antecedente está explícito; já o espanhol prefere a forma *que*: Essa menina com a **qual** você falava é bonita mesmo / *Esa muchachita con la **que** hablabas es realmente guapa.*

XII. *Los interrogativos* (Os interrogativos)

São palavras que podem funcionar como *pronombres*, *adjetivos* ou *adverbios*, e que se referem a seres cuja identidade ou quantidade é desconhecida; no entanto, são usados justamente para superar esse desconhecimento: ¿*Quién es ese señor?*, ¿*Cuántos años tienes?*

A interrogação pode aparecer de forma direta, encabeçada pelo *interrogativo* e com sinais de interrogação, ou de forma indireta; neste caso, o *interrogativo* serve de enlace subordinador; ainda que também encabece a *proposición subordinada*:
— ¿*Qué día viene Carlos?*
— *No sé* **qué** *día viene.*

As *unidades interrogativas* são as seguintes:

qué	¿**Qué** quieres?
	No sé **qué** quiere.
quién/quiénes	¿**Quién** te lo ha dicho?
	No sé a **quiénes** invitar a la fiesta.
cuál/cuáles	¿**Cuál** es el más guapo?
	Pregúntale a **cuáles** se refiere.
cuánto/a/os/as	¿Para **cuántos** reservamos mesa?
	Dice que **cuántas** quieres.
dónde	¿**Dónde** se habrá metido este chico?
	Entérate bien por **dónde** vive.
cómo	¿**Cómo** has llegado hasta aquí?
	No sé **cómo** se las arregla, pero está guapísima.
cuándo	¿**Cuándo** te casas?
	No sabemos **cuándo** llegará el tren.

Los interrogativos/Os interrogativos

Observe-se que essas formas coincidem com as dos *relativos*, exceto *cuyo* (com suas variações de gênero e número), que, mesmo tendo sido usado na língua antiga como *interrogativo*, hoje já não se usa: *¿Cúya es la corona?* (*De quién es la corona*, diríamos hoje). É importante notar que os *interrogativos* e, como veremos, os *exclamativos*, que também coincidem nas formas, sempre são acentuados, não só para diferenciá-los dos *relativos* mas também porque são realmente pronunciados de forma tônica. O *interrogativo* **cuál** não se combina com o *artículo* como o *relativo* correspondente.

Quién serve para perguntar só por pessoas: *¿Quién sabe dónde?*; ***qué***, quando funciona como *pronombre*, se refere sempre a coisa, mas como *adjetivo* serve também para perguntar por pessoas: *¿Qué dice?*, *¿Qué tiempo hace?*, *¿Qué chicas eran esas?*; ***cuál*** e ***cuánto*** podem se referir a pessoas ou a coisas: *¿Cuál es tu sitio?*, *¿Cuál de las dos hermanas te gusta más?*
Cuánto tem variação de gênero e de número (***cuánto/cuánta/cuántos/cuántas***); ***quién*** e ***cuál*** só podem variar de número (***quién/quiénes, cuál/cuáles***); ***qué*** é invariável.

Qué pode aparecer como *pronombre* e como *adjetivo*: *No sé de qué te quejas*, *¿Qué calle es esta?* Como *pronombre* tem sentido neutro e concorda em masculino: *¿Qué es bueno para el dolor de cabeza?* Como *adjetivo* pode ter o sentido de *"qué tipo de"* ou *"qué clase de"*: *¿Qué amigo eres tú, que no eres capaz de hacerme ni ese pequeño favor?*

Quién aparece somente com função de *pronombre*. Em orações negativas, como *predicativo*, equivale a *"nadie con autoridad o capacidad suficiente"*: *Tú no eres **quién** para decirme a mí lo que tengo que hacer*, *No soy yo **quién** para dar consejos a nadie*. Repetido no começo dos diferentes sintagmas, usa-se com o sentido de *"unos...otros..."*: ***Quién*** *una camisetilla,* ***quién*** *unos* *patucos,* **quién** *unos pañales, todos trajeron alguna cosa para el recién nacido.*

Cuál pode funcionar como *pronombre*: *¿A **cuál** quieres que te presente?, ¿Qué te parecen estos zapatos? No sé **cuáles** ponerme.* Em função *adjetiva*, usa-se mais na América que no espanhol peninsular, onde se prefere *que*: *¿**Cuáles** libros estás buscando?* (= *¿**Qué** libros estás buscando?*), *¿**Cuál** hermana va a venir, la mía o la tuya?* Com valor *adverbial*, já comentamos que não se usa, mas, com esse mesmo valor e com sentido ponderativo precedendo um adjetivo, é muito frequente a fórmula *a **cuál** más*: *Tenía muchos hijos, los chicos **a cuál más guapo** y las chicas **a cuál más inteligente**.*

Cuánto pode funcionar como *pronombre*: *¿A **cuántas** les has dicho lo mismo?, No sé **cuántos** van ya*; como *adjetivo*: *¿**Cuántas** veces te he dicho que no hagas eso?, Nadie sabe **cuánto tiempo** va a vivir*; e como *adverbio*: *¿**Cuánto** has tardado en escribir esa novela?, No tengo ni idea de **cuánto** puede costar ese coche.*

Cómo, **cuándo** e **dónde** só podem funcionar como *adverbios*: *Yo siempre te pregunto que **cuándo**, **cómo** y **dónde** y tú siempre respondes quizás, quizás, quizás.* No entanto, podem substantivar-se com o *artículo*: *Nunca me dijiste **el cómo**, **el cuándo** y **el dónde** de tan importante hallazgo.*

Cómo pode servir para perguntar pela causa com o sentido de *"por qué"*: *¿**Cómo** no me habías dicho que ibas a tener un hijo?* As orações introduzidas pelo *adverbio interrogativo* **cómo** precedendo a *conjunción* **que** expressam vários aspectos de estranheza, desconformidade, negação e réplica: *¿**Cómo que** no la viste, si ella me dijo que había estado contigo?, ¿**Cómo que** no tienes dinero?, pues no sé donde metes todo lo que ganas.*

A expressão *cómo no* se usa com o sentido de *"no podría ser de otra manera"*, *"no podría ser nadie más"*: *¿**Cómo no** voy a ir a la boda si se casa mi mejor amigo?*, *¿**Cómo no** ibas a ser tú el primero que protestase?* Essa expressão é usada também, principalmente na América, com o sentido afirmativo de *"sí"*, *"claro"*, *"naturalmente"*, *"por supuesto"*:

— *¿Le importaría hacerme ese favor?*
— *¿**Cómo** no?*

Dónde pode aparecer com *preposición* ou sem ela. Geralmente aparece sem ela com verbos de repouso e com ela com verbos de movimento, mas não é estranho que em ambos os casos apareça com ou sem ela indistintamente: *No sé **dónde** estoy, No sé **en dónde** está, ¿**Dónde** vamos?, ¿**Adónde** vas?, ¿**De dónde** los han traído?, ¿**Por dónde** andáis, que no se os ve el pelo?* Observe-se que quando usado com a *preposición a* escreve-se em uma só palavra, ***adónde***, e somente deve ser usado com verbos de movimento: *No sé **adónde** vamos con este frío, ¿**Adónde** me vas a llevar esta noche?*

Às vezes essas construções *interrogativas indiretas* podem ser substituídas por uma de *relativo*, com *artículo* antes do antecedente, se o tiver: *Pronto sabremos **qué** ciudad será elegida como sede de las Olimpíadas = Pronto sabremos **la** ciudad **que** será elegida para las Olimpíadas; No sé **qué** quiere = No sé **lo que** quiere.*

Em contraste com o português

A forma do português **quem** não tem variação de número, ao contrário da espanhola ***quien/quienes***.

O *interrogativo* espanhol ***qué*** equivale à forma portuguesa **o que**: **O que** você está procurando? / *¿**Qué** estás buscando?*, **O que** é isso? / *¿**Qué** es eso?*

O português usa o artigo antes do interrogativo **que**: *Não sei **o que** vai acontecer / No sé **qué** va a pasar*, enquanto o espanhol só o admite em casos excepcionais que denotam uma intensa estranheza ou surpresa:

— *Os diré que me ha tocado el gordo*
— *¿El qué?*
— *El premio gordo de la lotería.*

Em português é frequente a supressão do verbo em orações interrogativas com **qual**, coisa que o espanhol não admite: **Qual** *o seu nome? / ¿**Cuál es** su nombre?*

XIII. *Los exclamativos*
(Os exclamativos)

As mesmas formas dos *interrogativos* e igualmente tônicas são usadas com sentido *exclamativo*. Neste caso, são usados com sinais de exclamação em vez de interrogação: *¡Cuántas veces me acuerdo de él!*, *¡Cómo han pasado los años!*, *¡Qué bonitos ojos tienes!*

Não obstante, devemos considerar que *cuál* e *quién* aparecem raramente com função substantiva: *¡Quién supiera escribir!*, *¡Quién fuera como tú!* e que a forma *qué* com sentido *exclamativo* só aparece acompanhando um *sustantivo*, um *adjetivo* ou um *adverbio*:

¡Qué dignidad tenía aquella mujer!
¡Qué alegría más alta: vivir en los pronombres! (P. Salinas)
¡Qué fácil es hablar cuando la cosa no va con uno!
¡Qué solos se quedan los muertos! (Bécquer)
¡Qué poco te acuerdas de las veces que has ido llorando, que yo te quisiera!
¡Qué más quisiera yo que poder irme a la playa!

A expressão *qué tan(to)*, em vez das mais comuns *cuán(to)* ou *qué*, soa como arcaica no espanhol peninsular, mas sobrevive em várias partes da América: *¡Qué tan moderna te me volviste, chola!*

Na língua coloquial usa-se a expressão *qué de* precedendo um *sustantivo* com o mesmo sentido enfatizador de quantidade que *cuanto/a/os/as*: *¡Qué de flores han salido este año!*, *¡Qué de regalos te han traído los Reyes Magos!*

O que não significa que não se continue usando *cuánto*: *¡Cuántas veces te esperé!*, *¡Cuánta gente había en el supermercado!*

Cuánto seguido de um *adverbio* ou de um *adjetivo* sofre apócope, ***cuán***: ¡*Cuán lejos* estás de mí!, ¡*Cuán largo* me lo fiáis! Mas não se produz apócope com os *adverbios* e *adjetivos más, menos, mayor, menor, mejor, peor*: ¡***Cuánto más*** *te conozco, más te quiero!*, ¡***Cuánto mejor*** *lo tratas, peor se porta!*
O uso de ***cuán*** é quase exclusivamente literário; a língua coloquial prefere ***qué***: ¡*Qué lejos estás de mí!*, ¡*Qué poco me conoces!*

As formas adverbiais dos *interrogativos* também podem apresentar-se como *exclamativas* ou *ponderativas*:

¡***Adónde*** *hemos llegado!*
¡***Dónde*** *iremos a parar!*
¡***Cuándo*** *llegará el día!*
¡***Hasta cuándo*** *durará esta tortura!*
¡***Cómo*** *voy a vivir sin ti!*
¡***Cómo*** *me alegras la vida!*
¡***Cuánto*** *has tardado!*
¡***Cuánto*** *te echamos de menos!*

Cuál com função adverbial exclamativa não se usa na língua atual: ¡*Cuál gritan esos malditos!* (J. Zorrilla, *Tenorio*).

Em muitas ocasiões, a ponderação, em vez de ser introduzida por um *exclamativo*, se expressa por construções de *relativo* substantivadas mediante o *artículo*:
¡***Qué*** *bien se está en casita!* = ¡*Lo bien **que** se está en casita!*
¡***Cuántas*** *veces me acuerdo de ti!* = ¡*Las veces **que** me acuerdo de ti!*
¡***Cuánto*** *nos hemos reído!* = ¡*Lo **que** nos hemos reído!*
O *exclamativo cuantificador **cuánto*** ou a expressão equivalente ***qué de*** também podem aparecer substituídos pela fórmula *la de ... que*:

¡Cuántos regalos vas a tener! = *¡Qué de regalos vas a tener!* = *¡La de regalos que vas a tener!*; *¡Cuántas cosas querría decirte!* = *¡Qué de cosas querría decirte!* = *¡La de cosas que querría decirte!*

Em contraste com o português

O português costuma preferir **como** e o espanhol *qué* em expressões ponderativas ou exclamativas: **Como** é grande esta cidade! / *¡Qué grande es esta ciudad!*
Que é usado em expressões exclamativas nas duas línguas, porém o português também admite para essas construções a forma **qual** (usado quase exclusivamente na língua literária), o que não ocorre em espanhol:
Qual situação! / **Que** situação! / *¡Qué situación!*

XIV. *Los posesivos*
(Os possessivos)

Chamamos possessivos um grupo de palavras que acompanham o representam o nome expressando uma relação de possessão. Dizemos que acompanham ou representam porque, efetivamente, algumas unidades dos possessivos podem funcionar como *adjetivos* e como *pronombres*:

Mi *casa no está tan ordenada como* **la tuya**,
Lo mejor de **mi** *vida eres tú*,
Trabajé mucho para poder sacar adelante a **los míos**.

Paradigma dos *posesivos*

		Um objeto de posse		Vários objetos de posse	
		masculino	feminino	masculino	feminino
Singular (um possui)	Yo	*mío (mi)*	*mía (mi)*	*míos (mis)*	*mías (mis)*
	Tú (vos)	*tuyo (tu)*	*tuya (tu)*	*tuyos (tus)*	*tuyas (tus)*
	Él, ella, usted	*suyo (su)*	*suya (su)*	*suyos (sus)*	*suyas (sus)*
Plural (vários possuem)	Nosotros, nosotras	**nuestro**	**nuestra**	**nuestros**	**nuestras**
	Vosotros, vosotras	**vuestro**	**vuestra**	**vuestros**	**vuestras**
	Ellos, ellas, ustedes	*suyo (su)*	*suya (su)*	*suyos (sus)*	*suyas (sus)*

As formas não apocopadas podem funcionar como *pronombres*, mas neste caso aparecem acompanhadas pelo *artículo* correspondente: *el mío, la mía, el tuyo, la tuya, el suyo, la suya, los nuestros* etc.

Los posesivos/Os possessivos

Podemos diferenciar três séries de *posesivos*:

• À primeira pertencem as formas **mi/mis, tu/tus, su/sus**. Na verdade, são formas do *posesivo* que sofreram apócope. São átonas no espanhol geral, ainda que em algumas zonas do Centro e do Norte da Península se pronunciem com acento. Não podem aparecer sem um *sustantivo* ou equivalente e sempre o precedem: **Mi** *abuela,* **mis** *primos,* **tu** *madre,* **tus** *tíos,* **su** *suegro,* **sus** *cuñadas... todos la felicitaron el día de* **su** *santo.* Esses *posesivos* só podem desempenhar a função de atributo do *sustantivo*, ou seja, a função de *adjetivo*. No espanhol atual são incompatíveis com o *artículo*, porém em outras épocas apareciam junto dele e em alguns dialetos antigos ainda aparecem. Essa incompatibilidade se explica porque estas formas do *posesivo* já cumprem a função identificadora do *artículo*; observe-se a diferença entre *pequeños vicios* (onde não se identificam que vícios) e *los pequeños vicios* ou *tus pequeños vicios* (onde *los* e *tus* servem para identificar, especificar o substantivo *vicios*).

• A segunda série é constituída pelas formas *mío/a/os/as, tuyo/a/os/as, suyo/a/os/as*. Essas formas, levem ou não acento ortográfico, são tônicas, o que as diferencia das da série anterior. Também se diferenciam da série anterior porque podem funcionar como *atributo* de um verbo: *Esa chaqueta no es* **mía** *ni* **tuya**, *Ese bolígrafo no es* **el suyo**; ou como atributo de um *sustantivo*: *Le presenté a unos amigos* **míos**, *No le hagas caso son manías* **suyas**. Nestes casos, em que acompanham o *sustantivo*, aparecem sempre depois, ao contrário da série anterior. Estes *posesivos* da segunda série carecem da capacidade identificadora do *sustantivo* que têm os da primeira série, portanto podem aparecer acompanhados de *artículo*: *Yo no estoy aquí para resolver problemas* **tuyos** / *Yo no estoy aquí para resolver* **los** *problemas* **tuyos** / *Estos calcetines no son* **míos** / *Estos calcetines no son* **los míos**. Observe que com *artículo* e acompanhando o *sustantivo* são equivalentes aos da primeira série, mas por aparecer depois dão um caráter enfático à expressão; a diferença entre *tus problemas* e *los problemas tuyos* é que a segunda expressão é mais enfática.

- Os da terceira série são: **nuestro/a/os/as**, **vuestro/a/os/as**. Agrupam as possibilidades dos das outras séries, ou seja, vêm antes ou depois do *sustantivo*: *Hace mucho tiempo que no veo a **vuestro amigo**, ¿Qué ha sido de aquel **amigo vuestro**?* Quando aparecem antes do *sustantivo*, têm a capacidade identificadora dos *artículos* ou dos *posesivos* da primeira série: *Venga a visitarnos, aproveche **interesantes ofertas** / Aproveche **las interesantes ofertas** / Aproveche **nuestras interesantes ofertas***. Quando aparece depois do *sustantivo* podem, como os da segunda série, ser usados com *artículo* ou não, ou seja, podem ou não servir como intensificadores: *Eso son bromas **vuestras** / Eso son **las bromas vuestras***. Ocorre o mesmo quando o *posesivo* é substantivado: *¿Este piso es **vuestro**? / ¿Este piso es **el vuestro**?* Como os da segunda série, podem funcionar como atributo de um *sustantivo*: ***Nuestra** fuerza está en la razón, **la vuestra** en las armas / **Vuestros padres** se van a ir de vacaciones a Fortaleza con **los nuestros***.

Em contraste com o português

O português não apresenta formas apocopadas.

Em espanhol, o *posesivo* não é tão necessário como em outras línguas como o inglês ou o francês. Mesmo assim, é mais usado que em português, que o evita sempre que a ideia de posse esteja subentendida, ou quando esta possa ser expressada por outros meios, como um artigo ou um pronome pessoal: A menina está com **a** mãe ou A menina está com a mãe **dela** / *La niña está con **su** madre*, Temos que **lhe** reconhecer as boas intenções / *Tenemos que reconocer **sus** buenas intenciones*.

Em português também se produzem ambiguidades com as formas **seu, sua, seus, suas** (3.ª pessoa / 2.ª pessoa de cortesia / 2.ª pessoa com você no Brasil), porém existe a tendência de preservar estas formas para a 2.ª pessoa e usar as analíticas (**dele, dela, deles, delas**) para a 3.ª. O espanhol tende a usar as formas *su, sus*, para a 3.ª pessoa e prefere para os tratamentos de cortesia as formas *de usted* ou *de ustedes*.

Ao tratar do *artículo* vimos que o português o usa com o *posesivo*, o que é impossível no espanhol atual: **O teu** amigo / *Tu amigo*.

Em alguns casos, por exemplo, nas expressões exclamativas, a posição do *posesivo* com respeito ao *sustantivo* que acompanha é diferente: **Meu** Deus! / *¡Dios mío!*, Eu lhe garanto, **meu filho**, que você terá a sua recompensa / *Te garantizo, hijo mío, que tendrás tu recompensa*.

Se o *sustantivo* é acompanhado por um *artículo indefinido* ou por um *demostrativo*, o *posesivo*, em espanhol, pode aparecer somente depois, enquanto em português pode aparecer antes ou depois indistintamente:

*Aquella vecina **tuya** me gusta mucho* / Eu gosto muito daquela **tua** vizinha ou Eu gosto muito daquela vizinha **tua**.

XV. *El verbo*
(O verbo)

O *verbo* é um dos elementos-chave da frase; tanto é assim que pode, por si só, constituir uma oração completa: *Amanecía*.

Tem as seguintes características:

1. Serve de núcleo do predicado.

2. É o elemento de referência para os complementos.

3. Apresenta variações denominadas *accidentes gramaticales*.

4. Manifesta a atitude do falante mediante sinais.

Las conjugaciones

Os verbos espanhóis podem ser divididos em três grupos:

infinitivo terminado em	**-ar** *(cantar)*
infinitivo terminado em	**-er** *(comer)*
infinitivo terminado em	**-ir** *(partir)*

Para indicar tempo e pessoa o verbo adota formas diferentes; esse fenômeno é chamado **conjugación**.

Para conjugar um verbo é necessário substituir as terminações *-ar*, *-er*, *-ir* do *infinitivo* pelas terminações correspondentes ao tempo e à pessoa que desejamos, considerando que cada um dos três grupos citados tem terminações próprias. Por exemplo, se queremos construir a pessoa *nosotros* (primeira do plural) do **Copretérito** *(pretérito imperfecto de indicativo)* do verbo *hablar*, substituiremos a terminação *-ar* do infinitivo por *-ábamos*, que corresponde à primeira pessoa do plural do **Copretérito** *(preté-*

rito imperfecto de indicativo)[1] nos verbos do primeiro grupo (*-ar*); mas se o verbo é *partir*, a terminação deve ser *-íamos*: *hablar - hablábamos / partir - partíamos*. No *Futuro* e no *Pospretérito* (*Condicional*), porém, acrescentamos a terminação diretamente ao *infinitivo*: *hablaremos, hablaríamos, partiremos, partiríamos*.

Portanto, cada tempo tem terminações características, onde há um elemento que indica o tempo em questão e outro que indica a pessoa. A marca de pessoa é igual para todos os tempos, menos para o *Imperativo*.

Terminações pessoais

Yo	Ø (nenhuma marca específica)
Tú	-s
él / ella / usted	Ø (nenhuma marca específica)
nosotros / nosotras	-mos
vosotros / vosotras	-is
ellos / ellas / ustedes	-n

Também devemos considerar a sílaba tônica, pois ao encontrar-se em posição diferente pode indicar um tempo diferente: *hablara* [*Pretérito* (*Pretérito Imperfecto de Subjuntivo*)] / *hablará* (*Futuro de Indicativo*). Por outro lado, há verbos que

---

[1] Adotamos a nomenclatura de Andrés Bello que, com ligeiras modificações, é a adotada por Emilio Alarcos Llorach na sua recente obra *Gramática de la Lengua Española*, Espasa Calpe, Madrid 1995 e Manuel Seco na sua *Gramática esencial del español* e deixamos entre parêntesis a da *Real Academia* no seu *Esbozo de una Nueva Gramática de la lengua española* de 1973.

sofrem alterações na *raíz* quando o acento cai sobre uma de suas sílabas: *querer - quiero - quieres - quiere - queremos - queréis - quieren* (quando o acento cai sobre a primeira sílaba da *raíz* ocorre a transformação *e-ie*).

Devemos considerar também as mudanças ortográficas: alguns verbos, para manter o mesmo som consonantal, alteram a ortografia da *raíz* ao receber algumas terminações: *coger*, por exemplo, substitui o *g* do *infinitivo* por *j* sempre que a terminação começa com *a* ou com *o*: *cojo, coja, cojamos*; *huir* troca o *i* por *y* (pronunciada como semiconsoante) quando o *i* está entre duas vogais ao receber a terminação, se não fica em posição acentuada: *huyo, huyes, huye, huimos, huís, huyen, huía, huías, huía, huíamos, huíais, huían*. Isso nada mais é que uma irregularidade ortográfica.

Pessoa e número dos *verbos*

As formas verbais têm a possibilidade de aludir a um dos seres que participam em qualquer ato de fala: **emissor, receptor** e **tudo o que possa estar relacionado com a mensagem.** Dizemos que está na primeira pessoa quando se refere ao emissor: *digo, amamos*; está na segunda pessoa quando se refere ao receptor: *dices, amáis*; e na terceira pessoa estão todas as formas pessoais do verbo que não aludem nem ao emissor nem ao receptor: *dice, aman*. A terceira pessoa aparece também quando não se sabe, não se pode ou não se quer indicar o sujeito real, quando há uma impossibilidade de explicitar o sujeito real; nesses casos, o verbo mantém sempre um sujeito gramatical: *Llovía a cántaros, Dicen que el gobierno quiere subir los impuestos*.

Por outro lado, a pessoa designada pela forma verbal pode ser uma ou muitas: *escribo / escribimos, estudias / estudiáis, trabaja / trabajan*. Mas observe-se que quando falamos de plural nas pessoas verbais e nos pronomes não o fazemos com o mesmo sentido que quando falamos de plural em substantivos e outras categorias gramaticais. Assim, *mesas*, plural de *mesa*, significa uma soma de duas ou mais unidades, ou seja, *una mesa + una mesa*...; *naranjas* significa da mesma forma uma soma de várias unidades de *naranja*; não podemos somar *una mesa* e *una naranja* e denominar *mesas* ou *naranjas*. No entanto, *nosotros*, primeira pessoa do plural, não é uma soma de *yo + yo*..., ou seja, não é a soma de duas ou mais unidades, mas a soma de *yo + tú*, ou de *yo + vosotros*, ou de *yo + ellos*, ou de *yo + tú + él* etc. O mesmo ocorre com *amamos*, que não significa que *yo + yo amamos*, mas que *yo + tú* ou *yo + vosotros* ou *yo + él* etc. *amamos*. Além disso, quando dizemos *El hombre es un animal mamífero*, mesmo que o substantivo *hombre* esteja no singular e o verbo, consequentemente, na terceira pessoa do singular, estamos aludindo a uma realidade plural, visto que todos os homens são animais mamíferos.

O *Imperativo* não possui a primeira pessoa do singular.

Modos y tiempos verbales

As formas verbais, além dos morfemas de pessoa e número, possuem também os de tempo e modo. Dessa forma os pares *hablas / hablabas*, *hables / hablases* (todos na segunda pessoa, no singular e na voz ativa) se opõem por um *rasgo* que corresponde ao morfema denominado **Modo** e, ao mesmo tempo, as formas *hablas*, *hables* se opõem a *hablabas*, *hablases* pelo morfema diferenciador de **Tiempo**.

Chamamos de **Tiempo** às diferentes possibilidades de significação que o verbo possui em relação ao tempo cronológico; porém não devemos esquecer que os tempos verbais não se limitam a expressar unicamente o presente (*canto*), o passado (*canté*) ou o futuro (*cantaré*), mas têm muitos outros aspectos (*Montserrat Caballé **canta** el próximo sábado en el Municipal*). Cada grupo de tempos com as mesmas características, ou seja, com a mesma maneira de apresentar o significado do verbo em relação à nossa atitude psíquica, é chamado *Modo*.

Do ponto de vista estrutural podem existir tempos *Simples* e *Compostos*. Os compostos são os que possuem o verbo *haber* como auxiliar: *he cantado, habrá cantado*. Observe-se que em espanhol o verbo *tener* (ter) não é usado como auxiliar, o que é habitual em português: tenho cantado, terá cantado.

Se desconsiderarmos as três formas não pessoais do verbo, *Infinitivo*, *Gerundio* e *Participio*, todos os outros tempos poderão ser agrupados em três modos:

Tiempos y modos verbales

Modos		Indicativo	Subjuntivo	Imperativo
	Simples	Presente: hablo	Presente: hable	Presente: habla
		Copretérito: hablaba	Pretérito: hablara o hablase	
		Pretérito: hablé	Futuro: hablare (en desuso)	
		Futuro: hablaré		
		Pospretérito: hablaría		

El verbo/O verbo

Tiempos		Indicativo	Subjuntivo	Imperativo
		Antepresente: he hablado	Antepresente: haya hablado	
		Antecopretérito: había hablado	Antepretérito: hubiera o hubiese hablado	
	Compostos	Antepretérito: hube hablado	Futuro; hubiere hablado (en desuso)	
		Antefuturo: habré hablado		
		Antepospretérito: habría hablado		

Em geral, o *Modo Indicativo* é usado para dar notícias da realidade de forma objetiva ou possível; o *Subjuntivo* é usado para expressar fatos fictícios, ou seja, ações duvidosas, de desejo ou de possibilidade; e o *Imperativo* como forma apelativa, para expressar pedidos, ordens ou avisos. O *Indicativo*, além das características já citadas, se distingue também funcionalmente, porque pode formar oração interrogativa: *¿Hablas?*, *¿Hablabas?*, *¿Hablaste?*..., o que não acontece com as formas do *Subjuntivo* ou do *Imperativo*.

As formas não pessoais *(derivados verbales)* são:

Infinitivo: indica simplesmente o verbo, sem expressar tempo, número ou pessoa: *partir*
Gerundio: *partiendo*
Participio: *partido*

Observe-se que o *infinitivo*, em espanhol, é uma forma sem possibilidade de flexão pessoal, ao contrário do português, onde tal flexão é possível.

Voz: informa se a ação é realizada pelo sujeito *(voz activa)* ou se é sofrida ou recebida por ele *(voz pasiva)*.

Forma-se a *Pasiva* com o verbo auxiliar *ser* mais o *Participio Pasado* do verbo que se conjuga. Esse *Participio* concorda com o sujeito em gênero e número.

Activa: *Un terremoto destruyó el palacio real.*
 La empresa despidió a doscientas trabajadoras.
Pasiva: *El palacio real fue destruido por un terremoto.*
 Doscientas trabajadoras fueron despedidas por la empresa.

Os verbos são designados por seu *Infinitivo*. A terminação do *Infinitivo* determina o tipo de conjugação. Há três tipos:

primeira conjugação: verbos terminados em *ar*: *cantar;*

segunda conjugação: verbos terminados em *er*: *comer;*

terceira conjugação: verbos terminados em *ir*: *partir.*

El verbo/O verbo

Tempos do _Indicativo_:

**Presente**: Expressa uma ação atual, não terminada: *Pedro escribe una carta* (normalmente diríamos: *Pedro está escribiendo una carta*).

Outros valores do _**Presente**_:

a) *Presente histórico*: expressa ações terminadas no passado: *Cervantes* **nace** *en Alcalá de Henares en 1547*.

b) *Presente futuro*: expressa uma ação que se vai realizar: *En febrero del próximo año* **voy** *a España*.

c) *Presente habitual*: expressa ação que se repete: **Me levanto** *todos los días a las seis en verano*.

d) *Presente exhortativo*: expressa ordem ou mandato: *Ahora mismo te* **pones** *a estudiar*.

e) *Presente intemporal*: expressa referência indeterminada no tempo: *el aire también* **pesa**.

**Copretérito** *(Pretérito Imperfecto)*: Expressa uma ação passada sem indicar princípio nem fim: *El hombre* **paseaba** *por esta calle*.
Pode ser usado como marca de cortesia: *¿***Deseaba** *algo?*
Sí, **quería** *unos zapatos como los del escaparate*.

**Pretérito** *(Pretérito Perfecto Simple)*: Tradicionalmente é chamado *Pretérito Indefinido*. Expressa ação passada, terminada e dentro de um bloco temporal (bloco temporal deve ser entendido como dia, mês, ano etc.). *El verano pasado* **estuvieron** *en mi casa*.

**Antepresente** *(Pretérito Perfecto Compuesto)*: Expressa uma ação passada, terminada, mas num bloco de tempo inacabado:

*He visto los planos de tu casa, Esta mañana **he llegado** tarde a trabajar.*

Em algumas zonas de fala hispânica da América — Buenos Aires por exemplo — o *Pretérito Perfecto* se usa só na língua escrita ou na oral muito formal. *Que bueno que* **viniste** (*que* **has venido**, no espanhol geral), *ya nos íbamos sin vos.*

Antecopretérito (Pretérito Pluscuamperfecto): Expressa ação acabada e anterior a outra também passada e acabada. *Cuando llegamos ya se* **habían comido** *la tarta*.

Antepretérito (Pretérito Anterior): Expressa ação passada, terminada, anterior a outra passada e terminada igualmente, e informa a imediatez entre elas: *Cuando* **hubo cenado** *se puso a ver la televisión.*

Observe-se como o *Antecopretérito* não indica essa ação imediata.

Normalmente é acompanhado por uma expressão temporal. Na linguagem oral pode ser substituído pelo *Pretérito*: *Cuando* **cenó**, *se puso a ver la televisión.*

Futuro: Expressa ação por realizar e não terminada: *Pasado mañana* **cantaremos** *en la catedral.*

Outros valores do ***Futuro***:

a) *Futuro de obligación*: Com caráter imperativo e de obrigação: **Honrarás** *a tus padres.*

b) *Futuro de cortesía*: Com caráter imperativo e de cortesia: *¿Me* **prestará** *el lápiz, por favor?*

c) *Futuro de exigencia*: Com caráter imperativo e de ordem: **Llevarás** *estas cartas al correo sin falta ¿verdad?*

d) *Futuro de probabilidad*: Expressa incerteza ao falar: *Creo que* **lloverá**.

El verbo/O verbo

Antefuturo *(Futuro Perfecto)*: Ação a ser realizada e que acabará antes de outra ação também a ser realizada: *Antes de que llegue lo* **habré arreglado**.

Pode ser usada com caráter de passado: **Habrá** *jugado esta mañana*.

Pospretérito *(Condicional)*: Expressa ação por realizar e não acabada em relação a seu passado: *Nos dijo que* **traería** *él los bocadillos*.

Outros valores do *Pospretérito*:

a) *De cortesía*: *¿***Podría** *escribir aquí su nombre y su dirección?*

b) *De consejo*: **Tendrías** *que tener más cuidado*.

c) *De probabilidad*: *Pero eso* **costaría** *mucho dinero, ¿no crees?*

Antepospretérito *(Condicional Perfecto)*: Expressa ação por realizar e acabada em relação a outra acabada que é seu referencial: *Me garantizó que cuando llegásemos ya* **habrían sacado** *las entradas del teatro*.

Da mesma forma que o *Pospretérito*, pode ser usado como cortesia: *¿***Habrían jugado** *ustedes?*
E também como probabilidade: **Habría sido** *muy difícil encontrarte en casa, ¿verdad?*

Tempos do *Subjuntivo*:

Presente: Expressa ação inacabada com dois aspectos:

1. Na atualidade: *Quiero que me* **digas** *la verdad*.

2. No futuro: *Mañana, cuando veas a tu padre, quiero que le* **digas** *la verdad*.

Nesta situação de futuro, podem-se expressar orações de caráter:
- *Dubitativo*: *Tal vez* **venga** *mi hermano.*
- *Desiderativo*: *Quiero que* **venga** *tu hermano.*
- *Imperativo*: *Dile a tu hermano que* **venga**.

Pretérito (*Pretérito Imperfecto*): Expressa ação sem terminar com os seguintes aspectos:

1. Na atualidade: *Si* **estuviera** *(o* **estuviese***) en casa, estaría viendo el partido.*

2. No passado: *Me dijiste que* **escribiera** *(o* **escribiese***) aquella nota.*

3. No futuro: *Me indicó que* **trajera** *(o* **trajese***) el coche la próxima semana.*

Aparece também em orações de caráter:
- *Dubitativo*: *Es posible que* **volviese**, *pero no lo ví.*
- *Desiderativo*: *¡Ojalá* **lloviera**!

Antepresente (*Pretérito Perfecto*): Expressa ação terminada com dois aspectos:

1. No passado: *Deseo que* **haya tenido** *buen viaje.*

2. No futuro: *Iremos cuando* **haya parado** *la lluvia.*

Antepretérito (*Pretérito Pluscuamperfecto*): Expressa uma ação terminada em tempo também terminado: *Si* **hubieran estado** *atentos, no habría sucedido aquello.*

O *Imperativo*:

Só possui o presente. Expressa ordem, mandado ou pedido de uma ação acabada em tempo futuro: **Escribid** *los ejercicios.*

El verbo/O verbo

NOTA: Na fala vulgar do espanhol da Península Ibérica, é normal usar o *Infinitivo* no lugar da segunda pessoa do plural do *Imperativo*: **Correr** *que llegamos tarde* por **Corred** *que llegamos tarde*. Já na América esse vulgarismo não ocorre, porque, como já indicamos, a segunda pessoa do plural é substituída pela terceira, como no tratamento de cortesia: **Corran** *que llegamos tarde*.
Essas formas vulgares têm a mesma explicação: *callaros, marcharos, meteros, veniros* etc. por **callaos, marchaos, meteos, veníos** etc.

Aspecto

Indica o desenvolvimento interno da ação, independentemente do tempo.

Os aspectos podem ser *instantáneos (chocar), durativos (estudiar)* e *reiterativos (golpear)*. Alguns aspectos se expressam com perífrases verbais.

Pode haver aspecto perfeito, como o *Pretérito*, com ação acabada:
Vivió en París;

e imperfeito, com ação ainda por acabar:
Vivía en París.

Tipos de *verbos*

1. *Copulativos*: São aqueles que unem *sujeto* e *atributo*. São principalmente os verbos *ser* e *estar*.
   Antonio es inteligente, Estas peras están verdes.

2. *Predicativos*: São aqueles que realizam a função de núcleo do *predicado*:
   Los pájaros cantan.

Os *predicativos* podem ser classificados em:

1. *Transitivos*: São aqueles que precisam de um *objeto* (*complemento*) para completar a ação do *sujeito*:
   Los niños trajeron un regalo para el abuelo.

2. *Intransitivos*: São aqueles que não precisam do *objeto directo* para completar a ação do *sujeito*:
   Los niños corrieron mucho.

3. *Pronominales*: São os *transitivos* que têm como *objeto directo* um *pronombre* que se refere ao *sujeto*.

Os *pronominales* podem ser classificados em:

a) *Reflexivos*: Quando a ação recai sobre o *sujeto* de modo direto ou indireto.

   Paloma se peina con mucho estilo (*reflexivo directo*);
   Paloma se compró una falda preciosa (*reflexivo indirecto*).

b) *Recíprocos*: Quando há mais de um *sujeto* e cada um deles realiza e recebe a ação mutuamente: *Los dos muchachos se miraron con rabia.*

CONJUGAÇÃO REGULAR

São chamados *verbos regulares* aqueles que se conjugam de acordo com o modelo estabelecido sem sofrer alterações.

1.ª conjugação: -ar   2.ª conjugação: -er   3.ª conjugação: -ir

El verbo/O verbo

INDICATIVO

PRESENTE

-o	-o	-o
-as	-es	-es
-a	-e	-e
-amos	-emos	-imos
-áis	-éis	-ís
-an	-en	-en

COPRETÉRITO

-aba	-ía	-ía
-abas	-ías	-ías
-aba	-ía	-ía
-ábamos	-íamos	-íamos
-abais	-íais	-íais
-aban	-ían	-ían

PRETÉRITO

-e	-í	-í
-aste	-iste	-iste
-ó	-ió	-ió
-amos	-imos	-imos
-asteis	-isteis	-isteis
-aron	-ieron	-ieron

FUTURO

-aré	-eré	-iré
-arás	-erás	-irás
-ará	-erá	-irá
-aremos	-eremos	-iremos
-aréis	-eréis	-iréis
-arán	-erán	-irán

POSPRETÉRITO

-aría	-ería	-iría
-arías	-erías	-irías
-aría	-ería	-iría
-aríamos	-eríamos	-iríamos
-aríais	-eríais	-iríais
-arían	-erían	-irían

IMPERATIVO

-a	-e	-e
-e	-a	-a
-emos	-amos	-amos
-ad	-ed	-id
-en	-an	-an

SUBJUNTIVO

PRESENTE

-e	-a	-a
-es	-as	-as
-e	-a	-a
-emos	-amos	-amos
-éis	-áis	-áis
-en	-an	-an

PRETÉRITO

-ara ou	-ase	-iera ou	-iese	-iera ou	-iese
-aras	-ases	-ieras	-ieses	-ieras	-ieses
-ara	-ase	-iera	-iese	-iera	-iese
-áramos	-ásemos	-iéramos	-iésemos	-iéramos	-iésemos
-arais	-aseis	-ierais	-ieseis	-ierais	-ieseis
-aran	-asen	-ieran	-iesen	-ieran	-iesen

FUTURO

-are	-iere	-iere
-ares	-ieres	-ieres
-are	-iere	-iere
-áremos	-iéremos	-iéremos
-áreis	-iereis	-iereis
-aren	-ieren	-ieren

DERIVADOS VERBALES

Infinitivo

-ar   -er   -ir

Gerundio

-ando   -iendo   -iendo

Participio

-ado   -ido   -ido

NOTA: Hoje em dia, os Futuros do Subjuntivo são usados somente na linguagem jurídica; servem para expressar uma condição futura. EXEMPLO: *"Si el acusado no se hubiere presentado en el plazo dispuesto, será condenado a pagar la multa."* Por isso não aparecem aqui.

1. VERBOS AUXILIARES

Esses verbos perderam seu significado de origem e se gramaticalizaram, unindo-se com *Infinitivos*, *Gerundios* ou *Participios*.
Em espanhol há basicamente dois verbos auxiliares: ***Haber*** e ***Ser***.
Mas além deles muitos outros podem ser usados em construções com perífrase: *estar, deber, hacer, ir, tener, venir* etc.

HABER

Este verbo forma os tempos compostos dos outros verbos unindo-se com seu *Participio Pasivo*.

A forma *hay* da terceira pessoa do singular do *Presente de Indicativo* tem valor *impersonal*: *Hay muchos alumnos*.

Também pode ser usada com valor *impersonal* na terceira pessoa do singular do *Copretérito de Indicativo*: *Había muchas propuestas*.

FORMAS NO PERSONALES

Simples	*Compuestas*
INFINITIVO: Haber	Haber habido
GERUNDIO: Habiendo	Habiendo habido
PARTICIPIO: Habido	

INDICATIVO

Presente	*Antepresente*
He	He habido
Has	Has habido
Ha	Ha habido
Hemos	Hemos habido
Habéis	Habéis habido
Han	Han habido

Copretérito	*Antecopretérito*
Había	Había habido
Habías	Habías habido
Había	Había habido
Habíamos	Habíamos habido
Habíais	Habíais habido
Habían	Habían habido

El verbo/O verbo 179

Pretérito
Hube
Hubiste
Hubo
Hubimos
Hubisteis
Hubieron

Antepretérito
Hube habido
Hubiste habido
Hubo habido
Hubimos habido
Hubisteis habido
Hubieron habido

Futuro
Habré
Habrás
Habrá
Habremos
Habréis
Habrán

Antefuturo
Habré habido
Habrás habido
Habrá habido
Habremos habido
Habréis habido
Habrán habido

Pospretérito
Habría
Habrías
Habría
Habríamos
Habríais
Habrías

Antepospretérito
Habría habido
Habrías habido
Habría habido
Habríamos habido
Habríais habido
Habrían habido

SUBJUNTIVO

Presente
Haya
Hayas
Haya
Hayamos
Hayáis
Hayan

Antepresente
Haya habido
Hayas habido
Haya habido
Hayamos habido
Hayáis habido
Hayan habido

Pretérito
Hubiera o Hubiese
Hubieras o Hubieses
Hubiera o Hubiese
Hubiéramos o Hubiésemos

Hubierais o Hubieseis
Hubieran o Hubiesen

Antepretérito
Hubiera o Hubiese habido
Hubieras o Hubieses habido
Hubiera o Hubiese habido
Hubiéramos o Hubiésemos habido
Hubierais o Hubieseis habido
Hubieran o Hubiesen habido

IMPERATIVO

He
Haya
Hayamos
Habed
Hayan

SER

O verbo *ser* como auxiliar é usado para formar os tempos da *voz pasiva*. Para tanto, conjuga-se o tempo correspondente do verbo *ser* com o *Participio* do verbo que será usado.

El proyecto de ley **será presentado** al parlamento el próximo año.

FORMAS NO PERSONALES

Simples
INFINITIVO: Ser
GERUNDIO: Siendo
PARTICIPIO: Sido

Compuestas
Haber sido
Habiendo sido

El verbo/O verbo

INDICATIVO

Presente
Soy
Eres
Es
Somos
Sois
Son

Antepresente
He sido
Has sido
Ha sido
Hemos sido
Habéis sido
Han sido

Copretérito
Era
Eras
Era
Éramos
Erais
Eran

Antecopretérito
Había sido
Habías sido
Había sido
Habíamos sido
Habíais sido
Habían sido

Pretérito
Fui
Fuiste
Fue
Fuimos
Fuisteis
Fueron

Antepretérito
Hube sido
Hubiste sido
Hubo sido
Hubimos sido
Hubisteis sido
Hubieron sido

Futuro
Seré
Serás
Será
Seremos
Seréis
Serán

Antefuturo
Habré sido
Habrás sido
Habrá sido
Habremos sido
Habréis sido
Habrán sido

Pospretérito
Sería
Serías
Sería
Seríamos
Seríais
Serían

Antepospretérito
Habría sido
Habrías sido
Habría sido
Habríamos sido
Habríais sido
Habrían sido

SUBJUNTIVO

Presente
Sea
Seas
Sea
Seamos
Seáis
Sean

Antepresente
Haya sido
Hayas sido
Haya sido
Hayamos sido
Hayáis sido
Hayan sido

Pretérito
Fuera o Fuese
Fueras o Fueses
Fuera o Fuese
Fuéramos o Fuésemos
Fuerais o Fueseis
Fueran o Fuesen

Antepretérito
Hubiera o Hubiese sido
Hubieras o Hubieses sido
Hubiera o Hubiese sido
Hubiéramos o Hubiésemos sido
Hubierais o Hubieseis sido
Hubieran o Hubiesen sido

IMPERATIVO
Sé
Sea
Seamos
Sed
Sean

2. VERBOS REGULARES: PRIMEIRA CONJUGAÇÃO: AMAR

FORMAS NO PERSONALES

Simples
INFINITIVO: Amar
GERUNDIO: Amando
PARTICIPIO: Amado

Compuestas
Haber amado
Habiendo amado

INDICATIVO

Presente
Amo
Amas
Ama
Amamos
Amáis
Aman

Antepresente
He amado
Has amado
Ha amado
Hemos amado
Habéis amado
Han amado

Copretérito
Amaba
Amabas
Amaba
Amábamos
Amábais
Amaban

Antecopretérito
Había amado
Habías amado
Había amado
Habíamos amado
Habíais amado
Habían amado

Pretérito
Amé
Amaste
Amó
Amamos
Amasteis
Amaron

Antepretérito
Hube amado
Hubiste amado
Hubo amado
Hubimos amado
Hubisteis amado
Hubieron amado

Futuro	***Antefuturo***
Amaré	*Habré amado*
Amarás	*Habrás amado*
Amará	*Habrá amado*
Amaremos	*Habremos amado*
Amaréis	*Habréis amado*
Amarán	*Habrán amado*
Pospretérito	***Antepospretérito***
Amaría	*Habría amado*
Amarías	*Habrías amado*
Amaría	*Habría amado*
Amaríamos	*Habríamos amado*
Amaríais	*Habríais amado*
Amarían	*Habrían amado*

SUBJUNTIVO

Presente	***Antepresente***
Ame	*Haya amado*
Ames	*Hayas amado*
Ame	*Haya amado*
Amemos	*Hayamos amado*
Améis	*Hayáis amado*
Amen	*Hayan amado*
Pretérito	***Antepretérito***
Amara o Amase	*Hubiera o Hubiese amado*
Amaras o Amases	*Hubieras o Hubieses amado*
Amara o Amase	*Hubiera o Hubiese amado*
Amáramos o Amásemos	*Hubiéramos o Hubiésemos amado*
Amarais o Amaseis	*Hubierais o Hubieseis amado*
Amaran o Amasen	*Hubieran o Hubiesen amado*

El verbo/O verbo

IMPERATIVO
Ama
Ame
Amemos
Amad
Amen

SEGUNDA CONJUGAÇÃO: *TEMER*

FORMAS NO PERSONALES

Simples
INFINITIVO: *Temer*
GERUNDIO: *Temiendo*
PARTICIPIO: *Temido*

Compuestas
Haber temido
Habiendo temido

INDICATIVO

Presente
Temo
Temes
Teme
Tememos
Teméis
Temen

Antepresente
He temido
Has temido
Ha temido
Hemos temido
Habéis temido
Han temido

Copretérito
Temía
Temías
Temía
Temíamos
Temíais
Temían

Antecopretérito
Había temido
Habías temido
Había temido
Habíamos temido
Habíais temido
Habían temido

Pretérito
Temí
Temiste
Temió
Temimos
Temisteis
Temieron

Antepretérito
Hube temido
Hubiste temido
Hubo temido
Hubimos temido
Hubisteis temido
Hubieron temido

Futuro
Temeré
Temerás
Temerá
Temeremos
Temeréis
Temerán

Antefuturo
Habré temido
Habrás temido
Habrá temido
Habremos temido
Habréis temido
Habrán temido

Pospretérito
Temería
Temerías
Temería
Temeríamos
Temeríais
Temerían

Antepospretérito
Habría temido
Habrías temido
Habría temido
Habríamos temido
Habríais temido
Habrían temido

SUBJUNTIVO

Presente
Tema
Temas
Tema
Temamos
Temáis
Teman

Antepresente
Haya temido
Hayas temido
Haya temido
Hayamos temido
Hayáis temido
Hayan temido

El verbo/O verbo

Pretérito	*Antepretérito*
Temiera o Temiese	Hubiera o Hubiese temido
Temieras o Temieses	Hubieras o Hubieses temido
Temiera o Temiese	Hubiera o Hubiese temido
Temiéramos o Temiésemos	Hubiéramos o Hubiésemos temido
Temierais o Temieseis	Hubierais o Hubieseis temido
Temieran o Temiesen	Hubieran o Hubiesen temido

IMPERATIVO
Teme
Tema
Temamos
Temed
Teman

TERCEIRA CONJUGAÇÃO: *PARTIR*

FORMAS NO PERSONALES

Simples	*Compuestas*
INFINITIVO: Partir	Haber partido
GERUNDIO: Partiendo	Habiendo partido
PARTICIPIO: Partido	

INDICATIVO

Presente	*Antepresente*
Parto	He partido
Partes	Has partido
Parte	Ha partido
Partimos	Hemos partido
Partís	Habéis partido
Parten	Han partido

Copretérito
Partía
Partías
Partía
Partíamos
Partíais
Partían

Pretérito
Partí
Partiste
Partió
Partimos
Partisteis
Partieron

Futuro
Partiré
Partirás
Partirá
Partiremos
Partiréis
Partirán

Pospretérito
Partiría
Partirías
Partiría
Partiríamos
Partiríais
Partirían

Antecopretérito
Había partido
Habías partido
Había partido
Habíamos partido
Habíais partido
Habían partido

Antepretérito
Hube partido
Hubiste partido
Hubo partido
Hubimos partido
Hubisteis partido
Hubieron partido

Antefuturo
Habré partido
Habrás partido
Habrá partido
Habremos partido
Habréis partido
Habrán partido

Antepospretérito
Habría partido
Habrías partido
Habría partido
Habríamos partido
Habríais partido
Habrían partido

SUBJUNTIVO

Presente
Parta
Partas
Parta
Partamos
Partáis
Partan

Antepresente
Haya partido
Hayas partido
Haya partido
Hayamos partido
Hayáis partido
Hayan partido

Pretérito

Partiera o Partiese
Partieras o Partieses
Partiera o Partiese
Partiéramos o Partiésemos

Partierais o Partieseis
Partieran o Partiesen

Antepretérito

Hubiera o Hubiese partido
Hubieras o Hubieses partido
Hubiera o Hubiese partido
Hubiéramos o Hubiésemos
 partido
Hubierais o Hubieseis partido
Hubieran o Hubiesen partido

IMPERATIVO
Parte
Parta
Partamos
Partid
Partan

VERBOS NA *VOZ PASIVA*

Para formar a *voz pasiva* em espanhol usam-se os verbos **ser** e **estar** e o *Participio*.
O sujeito das orações *pasivas* é chamado *paciente*, pois recebe a ação do verbo.

O verbo **ser** na *pasiva*:
No **Presente** e no **Copretérito** (*Imperfecto de Indicativo*) não se usa a *voz pasiva* com verbos desinentes em uma ação que se realiza neste momento.

> *La ventana* **es abierta** *por el niño* (não é usado). *El niño* **abre** *la ventana* (uso correto).

No **Perfecto** qualquer verbo transitivo pode ser usado na *pasiva*.
O verbo **estar** na *pasiva*:
Uma ação terminada é enunciada com *estar* mais o *Participio*.
La comida **está preparada.**

VERBO *ESTAR*

FORMAS NO PERSONALES

Simples	*Compuestas*
INFINITIVO: Estar	Haber estado
GERUNDIO: Estando	Habiendo estado
PARTICIPIO: Estado	

INDICATIVO

Presente	*Antepresente*
Estoy	He estado
Estás	Has estado
Está	Ha estado
Estamos	Hemos estado
Estáis	Habéis estado
Están	Han estado

Copretérito	*Antecopretérito*
Estaba	Había estado
Estabas	Habías estado
Estaba	Había estado

El verbo/O verbo

Estábamos — *Habíamos estado*
Estábais — *Habíais estado*
Estaban — *Habían estado*

Pretérito — **Antepretérito**
Estuve — *Hube estado*
Estuviste — *Hubiste estado*
Estuvo — *Hubo estado*
Estuvimos — *Hubimos estado*
Estuvisteis — *Hubisteis estado*
Estuvieron — *Hubieron estado*

Futuro — **Antefuturo**
Estaré — *Habré estado*
Estarás — *Habrás estado*
Estará — *Habrá estado*
Estaremos — *Habremos estado*
Estaréis — *Habréis estado*
Estarán — *Habrán estado*

Pospretérito — **Antepospretérito**
Estaría — *Habría estado*
Estarías — *Habrías estado*
Estaría — *Habría estado*
Estaríamos — *Habríamos estado*
Estaríais — *Habríais estado*
Estarían — *Habrían estado*

SUBJUNTIVO

Presente — **Antepresente**
Esté — *Haya estado*
Estés — *Hayas estado*

Esté
Estemos
Estéis
Estén

Haya estado
Hayamos estado
Hayáis estado
Hayan estado

Pretérito
Estuviera o Estuviese
Estuvieras o Estuvieses
Estuviera o Estuviese
Estuviéramos o Estuviésemos

Estuvierais o Estuvieseis
Estuvieran o Estuviesen

Antepretérito
Hubiera o Hubiese estado
Hubieras o Hubieses estado
Hubiera o Hubiese estado
Hubiéramos o Hubiésemos estado
Hubierais o Hubieseis estado
Hubieran o Hubiesen estado

IMPERATIVO
Está
Esté
Estemos
Estad
Estén

VERBO NA *VOZ PASIVA*: <u>**SER AMADO**</u>

FORMAS NO PERSONALES

Simples
INFINITIVO: *Ser amado*
GERUNDIO: *Siendo amado*
PARTICIPIO: *Sido amado*

Compuestas
Haber sido amado
Habiendo sido amado

INDICATIVO

Presente
Soy amado

Antepresente
He sido amado

Eres amado
Es amado
Somos amados
Sois amados
Son amados

Copretérito
Era amado
Eras amado
Era amado
Éramos amados
Erais amados
Eran amados

Pretérito
Fui amado
Fuiste amado
Fue amado
Fuimos amados
Fuisteis amados
Fueron amados

Futuro
Seré amado
Serás amado
Será amado
Seremos amados
Sereis amados
Serán amados

Pospretérito
Sería amado
Serías amado

Has sido amado
Ha sido amado
Hemos sido amados
Habéis sido amados
Han sido amados

Antecopretérito
Había sido amado
Habías sido amado
Había sido amado
Habíamos sido amados
Habíais sido amados
Habían sido amados

Antepretérito
Hube sido amado
Hubiste sido amado
Hubo sido amado
Hubimos sido amados
Hubisteis sido amados
Hubieron sido amados

Antefuturo
Habré sido amado
Habrás sido amado
Habrá sido amado
Habremos sido amados
Habréis sido amados
Habrán sido amados

Antepospretérito
Habría sido amado
Habrías sido amado

Sería amado *Habría sido amado*
Seríamos amados *Habríamos sido amados*
Seríais amados *Habríais sido amados*
Serían amados *Habrían sido amados*

SUBJUNTIVO

Presente **Antepresente**
Sea amado *Haya sido amado*
Seas amado *Hayas sido amado*
Sea amado *Haya sido amado*
Seamos amados *Hayamos sido amados*
Seáis amados *Hayáis sido amados*
Sean amados *Hayan sido amados*

Pretérito **Antepretérito**
Fuera o Fuese amado *Hubiera o Hubiese sido amado*
Fueras o Fueses amado *Hubieras o Hubieses sido amado*
Fuera o Fuese amado *Hubiera o Hubiese sido amado*
Fuéramos o Fuésemos amados *Hubiéramos o Hubiésemos sido mados*
Fuerais o Fueseis amados *Hubierais o Hubieseis sido amados*
Fueran o Fuesen amados *Hubieran o Hubiesen sido amados*

IMPERATIVO
Sé amado
Sea amado
Seamos amados
Sed amados
Sean amados

El verbo/O verbo

VERBOS *REFLEXIVOS*: *LAVARSE*

São *reflexivos* os verbos cuja ação recai sobre um *pronombre complemento directo* ou *indirecto,* que se refere ao *sujeto*. Esses verbos, regulares ou irregulares, são conjugados com os *pronombres* **me, te, se, nos, os, se** depois do *sujeto*, exceto no **Imperativo**, quando são usados depois do verbo (enclítico) e unidos a ele: *¿Te acuerdas de María?, Acuérdate de María*. É claro que nem todos os verbos podem aparecer como *reflexivos* — por exemplo, os *intransitivos*. Por outro lado, há verbos que sempre se conjugam com esses pronomes *reflexivos* e não podem aparecer sem eles: *suicidarse, atreverse, acordarse*. E há alguns verbos que quando aparecem conjugados com os *pronombres reflexivos* têm significado diferente: *ir* (*dirigirse a algún lugar*; ir, em português) / *irse* (*marcharse*, ir embora).

A segunda pessoa do plural dos verbos no **Imperativo** perde a terminação **d** antes do *pronombre enclítico* **os**, exceto o verbo *ir*, que a mantém: **idos**.
Exemplo: *vestid + os = vestíos; lavad + os = lavaos.*

No **Infinitivo** e no **Gerundio** os *pronombres* também são *enclíticos*: *peinarse, lavándose*.

Esses *pronombres* desempenham na oração a função de *objeto directo* ou *indirecto*.
Exemplo: Susana *se lava*; aqui **se** é *objeto directo*.
  Susana *se lava el pelo*; aqui **se** é *objeto indirecto* e *el pelo* é *objeto directo*.

FORMAS NO PERSONALES

Simples	**Compuestas**
INFINITIVO: Lavarse	Haberse lavado
GERUNDIO: Lavándose	Habiéndose lavado

INDICATIVO

Presente
Me lavo
Te lavas
Se lava
Nos lavamos
Os laváis
Se lavan

Antepresente
Me he lavado
Te has lavado
Se ha lavado
Nos hemos lavado
Os habéis lavado
Se han lavado

Copretérito
Me lavaba
Te lavabas
Se lavaba
Nos lavábamos
Os lavábais
Se lavaban

Antecopretérito
Me había lavado
Te habías lavado
Se había lavado
Nos habíamos lavado
Os habíais lavado
Se habían lavado

Pretérito
Me lavé
Te lavaste
Se lavó
Nos lavamos
Os lavasteis
Se lavaron

Antepretérito
Me hube lavado
Te hubiste lavado
Se hubo lavado
Nos hubimos lavado
Os hubisteis lavado
Se hubieron lavado

Futuro
Me lavaré
Te lavarás
Se lavará
Nos lavaremos
Os lavaréis
Se lavarán

Antefuturo
Me habré lavado
Te habrás lavado
Se habrá lavado
Nos habremos lavado
Os habréis lavado
Se habrán lavado

Pospretérito
Me lavaría
Te lavarías
Se lavaría
Nos lavaríamos
Os lavaríais
Se lavarían

Antepospretérito
Me habría lavado
Te habrías lavado
Se habría lavado
Nos habríamos lavado
Os habríais lavado
Se habrían lavado

SUBJUNTIVO

Presente
Me lave
Te laves
Se lave
Nos lavemos
Os lavéis
Se laven

Antepresente
Me haya lavado
Te hayas lavado
Se haya lavado
Nos hayamos lavado
Os hayáis lavado
Se hayan lavado

Pretérito
Me lavara o Me lavase

Te lavaras o Te lavases

Se lavara o Se lavase
Nos laváramos o Nos lavásemos
Os lavarais o Os lavaseis

Se lavaran o Se lavasen

Antepretérito
Me hubiera o Me hubiese lavado
Te hubieras o Te hubieses lavado
Se hubiera o Se hubiese lavado
Nos hubiéramos o Nos hubiésemos lavado
Os hubierais o Os hubieseis lavado
Se hubieran o Se hubiesen lavado

IMPERATIVO
Lávate
Lávese

Lavémonos
Lavaos
Lávense

VERBOS PRONOMINAIS

São todos aqueles que se constroem com os *pronombres reflexivos*: ***me, te, se, nos, os, se***.
Alguns verbos só podem ser conjugados dessa forma: *atreverse, arrepentirse, quejarse etc.*
Sua conjugação é igual à do *verbo reflexivo **lavarse***.

VERBOS IRREGULARES

São aqueles que ao serem conjugados têm a raiz modificada, ou as desinências, ou as duas ao mesmo tempo, motivo pelo qual diferem dos verbos-modelo.

Não é normal que tais modificações ocorram em todos os tempos ou temas.

Essas irregularidades podem ser agrupadas em três temas:
1. De presente: à qual pertencem os *Presentes de Indicativo*, *Subjuntivo* e *Imperativo*.
2. De pretérito: à qual pertencem o *Pretérito de Indicativo,* o *Copretérito* e às vezes o *Gerundio*.
3. De futuro: à qual pertencem o *Futuro* e o *Pospretérito*.

Sabemos se o verbo é irregular observando o *Presente*, o *Pospretérito* e o *Futuro*.

A. IRREGULARIDADES DO TEMA DO *PRESENTE*

1. Por ditongação da vogal acentuada.

a) Mudança de **e** para **ie**:

MODELO: *Merendar*

MODO INDICATIVO

<u>Presente</u>
meriendo
meriendas
merienda
merendamos
merendáis
meriendan

<u>Copretérito</u>
merendaba

<u>Pretérito</u>
merendé

<u>Futuro</u>
merendaré

<u>Pospretérito</u>
merendaría

MODO SUBJUNTIVO

<u>Presente</u>
meriende

meriendes
meriende
merendemos
merendéis
merienden

__Pretérito__
merendara   merendase

MODO IMPERATIVO

__Presente__
merienda (tú)
meriende (él)
merendemos (nosotros)
merendad (vosotros)
merienden (ellos)

FORMAS NO PERSONALES

__Infinitivo__ : merendar
__Gerundio__ : merendando
__Participio__ : merendado

Outros *verbos*: abeldar, acerrar, acertar, acrecentar, adestrar, aferrar, albeldar, alebrarse, alentar, amelar, aneblar, apacentar, apernar, apretar, arrendar, asentar, aserrar, asestar, aspaventar, atentar, aterrar, atesar, atestar, atravesar, aventar, beldar, calentar, cimentar, coarrendar, concertar, confesar, contramanifestar, decentar, dentar, derrengar, desacertar, desaferrar, desalentar, desapretar, desarrendar, desasentar, desatentar, desaterrar, descalentarse, descerrar, descimentar, desconcertar, desdentar, desempedrar, desencerrar, desenterrar, desgobernar, deshelar, desherbar, desherrar, desinvernar, desmelar, desmembrar, desne-

El verbo/O verbo

gar, desnevar, despedrar, despernar, despertar, destentar, desterrar, desventar, dezmar, emparentar, empedrar, empezar, encentar, encerrar, encomendar, encubertar, endentar, enhestar, enmelar, enmendar, ensangrentar, ensarmentar, enterrar, entesar, entrecerrar, entrepernar, escarmentar, femar, ferrar, gobernar, hacendar, helar, herbar, herrar, herventar, incensar, infernar, inhestar, invernar, jamerdar, manifestar, melar, mentar, nevar, patiquebrar, pensar, perniquebrar, quebrar, reapretar, reaventar, recalentar, recentar, recomendar, regimentar, reherrar, remembrar, repensar, requebrar, resembrar, resquebrar, retemblar, retentar, reventar, salpimentar, sarmentar, sembrar, sementar, sentar, serrar, sobrecalentar, sobresembrar, soterrar, subarrendar, temblar, tentar, travesar, ventar.

MODELO: *Perder*

MODO INDICATIVO

Presente
pierdo
pierdes
pierde
perdemos
perdéis
pierden

Pretérito
perdía

Copretérito
perdí

Futuro
perderé

Pospretérito
pedería

MODO SUBJUNTIVO

Presente
pierda
pierdas
pierda
perdamos
perdáis
pierdan

Pretérito
perdiera   perdiese

MODO IMPERATIVO

Presente
pierde *(tú)*
pierda *(él)*
perdamos (nosotros)
perded (vosotros)
pierdan *(ellos)*

FORMAS NO PERSONALES

Infinitivo : *perder*
Gerundio : *perdiendo*
Participio : *perdido*

Outros *verbos*: ascender, atender, cerner, coextenderse, condescender, contener, defender, desatender, descender, desentenderse, distender, encender, entender, extender, heder, hender, malenten-

der, pretender, reverter, sobreentender, sobrentender, sobreverterse, subentender, subtender, superentender, tender, transcender, trascender, trasverter, verter.

MODELO: *Discernir*

MODO INDICATIVO

Presente
discierno
disciernes
discierne
discernimos
discernís
disciernen

Copretérito
discernía

Pretérito
discerní

Futuro
discerniré

Pospretérito
discerniría

MODO SUBJUNTIVO

Presente
discierna
disciernas
discierna

discernamos
discernáis
disciernan

Pretérito
discerniera   discerniese

MODO IMPERATIVO

Presente
discierne *(tú)*
discierna *(él)*
discernamos (nosotros)
discernid (vosotros)
disciernan *(ellos)*

FORMAS NO PERSONALES

Infinitivo : *discernir*
Gerundio : *discerniendo*
Participio : *discernido*

Outros *verbos*: *cernir, concernir*

Mudança de **e** para **ie** com **i** fechado:

MODELO: *Sentir*

MODO INDICATIVO

Presente
siento
sientes
siente

El verbo/O verbo

sentimos
sentís
sienten

Copretérito
sentía

Pretérito
sentí
sentiste
sintió
sentimos
sentisteis
sintieron

Futuro
sentiré

Pospretérito
sentiría

MODO SUBJUNTIVO

Presente
sienta
sientas
sienta
sintamos
sintáis
sientan

Pretérito
sintiera   *sintiese*
sintieras   *sintieses*

sintiera
sintiéramos
sintierais
sintieran

sintiese
sintiésemos
sintieseis
sintiesen

MODO IMPERATIVO

Presente
siente (tú)
sienta (él)
sintamos (nosotros)
sentid (vosotros)
sientan (ellos)

FORMAS NO PERSONALES

<u>*Infinitivo*</u> : *sentir*
<u>*Gerundio*</u> : *sintiendo*
<u>*Participio*</u> : *sentido*

Outros *verbos*: *adherir, advertir, arrepentirse, asentir, circunferir, conferir, consentir, controvertir, convertir, deferir, desadvertir, desconsentir, desconvertir, desmentir, diferir, digerir, disentir, divertir, herir, hervir, impertir, inferir, ingerir, injerir, inserir, interferir, intervenir, invertir, maherir, malherir, mentir, pervertir, preferir, presentir, proferir, reconvertir, referir, rehenir, rehervir, requerir, resentirse, revertir, subvertir, sugerir, transferir, trasferir, zaherir.*

b) Mudança de **o** para **ue**:

El verbo/O verbo

MODELO: *Volar*

MODO INDICATIVO

Presente
vuelo
vuelas
vuela
volamos
voláis
vuelan

Copretérito
volaba

Pretérito
volé

Futuro
volaré

Pospretérito
volaría

MODO SUBJUNTIVO

Presente
vuele
vueles
vuele
volemos
voléis
vuelen

Pretérito
volara	volase

MODO IMPERATIVO

Presente
vuela *(tú)*
vuele *(él)*
volemos *(nosotros)*
volad *(vosotros)*
vuelen *(ellos)*

FORMAS NO PERSONALES

Infinitivo : *volar*
Gerundio : *volando*
Participio : *volado*

Outros *verbos: abuñolar, acordar, acornar, acostar, afollar, aforar, ajorar, amoblar, amolar, anzolar, apercollar, apescollar, apostar, aprobar, asolar, asoldar, asonar, atorar, atronar, azolar, circunvolar, colar, concordar, consolar, consonar, cortar, costar, degollar, demostrar, denostar, desacollar, desacordar, desaforar, desamoblar, desaprobar, descollar, desconsolar, descontar, descordar, descornar, descostarse, desencordar, desencovar, desengrosar, desmajolar, desolar, desoldar, desollar, despoblar, destostarse, dicontar, discordar, dolar, empajolar, encontrar, encorar, encordar, encostarse, encovar, engorar, engrosar, enrodar, ensoñar, entortar, escolar, follar, grandisonar, hollar, improbar, mancornar, moblar, mostrar, percollar, poblar, premostrar, probar, recolar, recontar, recordar, recostar, regoldar, rehollar, renovar, repoblar, reprobar, rescontrar, resolgar, resoltarse, resollar, resonar, retostar, retronar, revolar, rodar, sobresolar, sobrevolar, socolar, solar, soldar, soltar, sonar, sonrodarse, soñar, subsolar, tonar, tostar, trascolar, trasoñar, trasvolar, tronar, unisonar.*

MODELO: *Moler*

MODO INDICATIVO

Presente
muelo
mueles
muele
molemos
moléis
muelen

Copretérito
molía

Pretérito
molí

Futuro
moleré

Pospretérito
molería

MODO SUBJUNTIVO

Presente
muela
muelas
muela
molamos
moláis
muelan

Pretérito
moliera   moliese

MODO IMPERATIVO

Presente
muele (tú)
muela (él)
molamos (nosotros)
moled (vosotros)
muelan (ellos)

FORMAS NO PERSONALES

Infinitivo : moler
Gerundio : moliendo
Participio : molido

Outros *verbos*: amover, condolerse, conmover, desmoler, doler, llover, moler, morder, mover, remoler, remorder, remover.

Mudança de **o** para **ue** com **u** fechado:

MODELO: *Dormir*

MODO INDICATIVO

Presente
duermo
duermes
duerme
dormimos
dormís
duermen

El verbo/O verbo

__Copretérito__
dormía

__Pretérito__
dormí
dormiste
durmió
dormimos
dormísteis
durmieron

__Futuro__
dormiré

__Pospretérito__
dormiría

MODO SUBJUNTIVO

__Presente__
duerma
duermas
duerma
durmamos
durmáis
duerman

__Pretérito__
durmiera
durmieras
durmiera
durmiéramos
durmierais
durmieran

durmiese
durmieses
durmiese
durmiésemos
durmieseis
durmiesen

MODO IMPERATIVO

Presente
duerme *(tú)*
duerma *(él)*
durmamos *(nosotros)*
dormid *(vosotros)*
duerman *(ellos)*

FORMAS NO PERSONALES

Infinitivo : *dormir*
Gerundio : **durmiendo**
Participio : *dormido*

Outros *verbos*: *adormir, morir, premorir.*

c) Mudança de **u** para **ue**:

MODELO: *Jugar*

MODO INDICATIVO

Presente
juego
juegas
juega
jugamos
jugáis
juegan

Copretérito
jugaba

El verbo/O verbo

Pretérito
jugué
jugaste
jugó
jugamos
jugasteis
jugaron

Futuro
jugaré

Pospretérito
jugaría

MODO SUBJUNTIVO

Presente
juegue
juegues
juegue
juguemos
juguéis
jueguen

Pretérito
jugara   jugase

MODO IMPERATIVO

Presente
juega *(tú)*
juegue *(él)*
juguemos *(nosotros)*
jugad (vosotros)
jueguen *(ellos)*

FORMAS NO PERSONALES

Infinitivo : *jugar*
Gerundio : *jugando*
Participio : *jugado*

2. Fechar a vogal acentuada.

a) Fechar o **e** no **i**:

MODELO: Medir

MODO INDICATIVO

Presente
mido
mides
mide
medimos
medís
miden

Copretérito
medía

Pretérito
medí
mediste
midió
medimos
medisteis
midieron

Futuro
mediré

El verbo/O verbo

Pospretérito
mediría

MODO SUBJUNTIVO

Presente
mida
midas
mida
midamos
midáis
midan

Pretérito
midiera	midiese
midieras	midieses
midiera	midiese
midiéramos	midiésemos
midierais	midieseis

MODO IMPERATIVO

Presente
mide *(tú)*
mida *(él)*
midamos *(nosotros)*
medid *(vosotros)*
midan *(ellos)*

FORMAS NO PERSONALES

Infinitivo : medir
Gerundio : midiendo
Participio : medido

Outros *verbos*: acomedirse, comedirse, competir, concebir, derretir, descomedirse, desmedirse, despedir, desvestir, envestir, gemir, henchir, impedir, investir, pedir, preconcebir, reexpedir, rehenchir, remedir, rendir, repetir, revestir, servir, sobrevestir, travestir, vestir.

b) Fechar o **o** no **u**:

MODELO: *Pudrir o Podrir*

MODO INDICATIVO

Presente
pudro

Copretérito
pudría

Pretérito
pudrí podrí

Futuro
pudriré podriré

Pospretérito
pudriría podriría

MODO SUBJUNTIVO

Presente
pudra

Pretérito
pudriera   pudriese

El verbo/O verbo

MODO IMPERATIVO

Presente
pudre (tú)
pudra (él)
pudramos (nosotros)
pudrid (vosotros)
pudran (ellos)

FORMAS NO PERSONALES

Infinitivo : *pudrir o podrir*
Gerundio : *pudriendo*
Participio : *podrido*

Outros *verbos*: *repodrir, repudrir*.

3. Aumentar as consoantes.

a) Mudança de **n** para **ng**:

MODELO: *Tener*

MODO INDICATIVO

Presente
tengo
tienes
tiene
tenemos
tenéis
tienen

Copretérito
tenía

Pretérito
tuve
tuviste
tuvo
tuvimos
tuvisteis
tuvieron

Futuro
tendré
tendrás
tendrá
tendremos
tendréis
tendrán

Pospretérito
tendría
tendrías
tendría
tendríamos
tendríais
tendrían

MODO SUBJUNTIVO

Presente
tenga
tengas
tenga
tengamos
tengáis
tengan

El verbo/O verbo

Pretérito
tuviera	tuviese
tuvieras	tuvieses
tuviera	tuviese
tuviéramos	tuviésemos
tuvierais	tuvieseis
tuvieran	tuviesen

MODO IMPERATIVO

Presente
ten *(tú)*
tenga *(él)*
tengamos *(nosotros)*
tened *(vosotros)*
tengan *(ellos)*

FORMAS NO PERSONALES

Infinitivo : tener
Gerundio : teniendo
Participio : tenido

Outros *verbos*: abstenerse, anteponer, atenerse, componer, contener, contraponer, contraproponer, deponer, descomponer, desimponer, desponer, detener, disponer, entretener, exponer, indisponer, interponer, mantener, obtener, oponer, poner, posponer, predisponer, preponer, presuponer, proponer, recomponer, reponer, retener, sobreexponer, sobreponer, sostener, subexponer, superponer, suponer, telecomponer, transponer, trasponer, yuxtaponer.

b) Mudança de **c** para **zc**:

MODELO: *Parecer*

MODO INDICATIVO

Presente
parezco
pareces
parece
parecemos
parecéis
parecen

Copretérito
parecía

Pretérito
parecí

Futuro
pareceré

Pospretérito
parecería

MODO SUBJUNTIVO

Presente
parezca
parezcas
parezca
parezcamos
parezcáis
parezcan

El verbo/O verbo

Pretérito
pareciera   pareciese

MODO IMPERATIVO

Presente
parece (tú)
parezca *(él)*
parezcamos *(nosotros)*
pareced (vosotros)
parezcan *(ellos)*

FORMAS NO PERSONALES

Infinitivo *: parecer*
Gerundio *: pareciendo*
Participio*: parecido*

Outros *verbos: abastecer, ablandecer, aborrecer, abravecer, acaecer, aclarecer, acontecer, acrecer, adolecer, adonecer, adormecer, afeblecerse, agradecer, aloquecerse, altivecer, amanecer, amarecer, amarillecer, amodorrecer, amohecer, amorecer, amortecer, anochecer, aparecer, apetecer, arbolecer, arborecer, aridecer, atardecer, aterecer, avanecerse, blanquecer, calecer, canecerse, carecer, clarecer, coliquecer, compadecer, comparecer, condolecerse, conocer, convalecer, crecer, decrecer, defenecer, denegrecer, desabastecer, desadormecer, desagradecer, desaparecer, desbravecer, descaecer, desembebecerse, desembellecer, desembravecer, desencarecer, desenfurecer, desenmohecer, desenmudecer, desennegrecer, desenrudecer, desensoberbecer, desentorpecer, desentumecer, desfallecer, desfavorecer, desflorecer, desfortalecer, desguarnecer, deshombrecerse, deshumedecer, desmerecer, desmorecerse, desobedecer, desparecer, despere-*

cerse, desplacer, destullecer, desvanecer, desverdecer, displacer, eflorecerse, embarbecer, embarnecer, embastecer, embebecer, embellaquecerse, embellecer, embermejecer, emblandecer, emblanquecer, embobecer, embosquecer, embravecer, embrutecer, empalidecer, empecer, empequeñecer, emplastecer, emplebeyecer, emplumecer, empobrecer, empodrecer, empoltronecerse, empretecer, emputecer, enaltecer, enamarillecer, enardecer, encabellecerse, encalvecer, encallecer, encandecer, encanecer, encarecer, encarnecer, enceguecer, encloquecer, encrudecer, encruelecer, endentecer, endurecer, enfierecerse, enflaquecer, enflorecer, enfranquecer, enfurecer, engrandecer, engravecer, engrumecerse, enlanguidecer, enlobreguecer, enloquecer, enlustrecer, enllentecer, enmagrecer, enmalecer, enmarillecerse, enmohecer, enmollecer, enmudecer, enmugrecer, ennegrecer, ennoblecer, ennudecer, enorgullecer, enralecer, enrarecer, enrigidecer, enriquecer, enrojecer, enronquecer, enrudecer, enruinecer, ensandecer, ensarnecer, ensilvecerse, ensoberbecer, ensombrecer, ensordecer, entallecer, entenebrecer, enternecer, entestecer, entigrecerse, entontecer, entorpecer, entreparecerse, entristecer, entullecer, entumecer, envanecer, envejecer, enverdecer, envilecer, enzurdecer, esblandecer, escaecer, escalecer, escalfecerse, escarnecer, esclarecer, esmorecer, establecer, estremecer, esturdecer, excandecer, fallecer, favorecer, fenecer, florecer, fornecer, fortalecer, fosforescer, frutecer, fulgurecer, guarecer, guarnecer, herbecer, hermanecer, humedecer, inaguidecer, lentecer, lividecer, lobreguecer, madurecer, merecer, mohecer, nacer, negrecer, obedecer, obscurecer, ofrecer, onecer, oscurecer, pacer, padecer, palidecer, perecer, permanecer, pertenecer, pimpollecer, plastecer, podrecer, preconocer, prevalecer, reaparecer, reblandecer, reconocer, recrecer, recrudecer, reflorecer, reguarnecer, rehumedecer, relentecer, remanecer, remostecerse, renacer, repacer, resplandecer, restablecer, retallecer, retoñecer, reverdecer, sobrecrecer, tallecer, terrecer, trasparecer, tullecer, verdecer.

El verbo/O verbo

c) Mudança de **l** para **lg**:

MODELO: *Salir*

MODO INDICATIVO

Presente
salgo
sales
sale
salimos
salís
salen

Copretérito
salía

Pretérito
salí

Futuro
saldré
saldrás
saldrá
saldremos
saldréis
saldrán

Pospretérito
saldría
saldrías
saldría
saldríamos

saldríais
saldrían

MODO SUBJUNTIVO

Presente
salga
salgas
salga
salgamos
salgáis
salgan

Pretérito
saliera   saliese

MODO IMPERATIVO

Presente
sal (*tú*)
salga (*él*)
salgamos (*nosotros*)
salid (*vosotros*)
salgan (*ellos*)

FORMAS NO PERSONALES

Infinitivo : *salir*
Gerundio : *saliendo*
Participio : *salido*

Outros *verbos*: *equivaler, prevaler, resalir, sobresalir, valer.*

d) Mudança de **u** para **uy**:

MODELO: *Huir*

MODO INDICATIVO

<u>Presente</u>
huyo
huyes
huye
huimos
huís
huyen

<u>Copretérito</u>
huía

<u>Pretérito</u>
huí
huiste
huyó
huimos
huisteis
huyeron

<u>Futuro</u>
huiré

<u>Pospretérito</u>
huiría

MODO SUBJUNTIVO

<u>Presente</u>
huya
huyas

huya
huyamos
huyáis
huyan

<u>*Pretérito*</u>
huyera
huyeras
huyera
huyéramos
huyerais
huyeran

huyese
huyeses
huyese
huyésemos
huyeseis
huyesen

MODO IMPERATIVO

<u>*Presente*</u>
huye *(tú)*
huya *(él)*
huyamos *(nosotros)*
huid *(vosotros)*
huyan *(ellos)*

FORMAS NO PERSONALES

<u>*Infinitivo*</u> : huir
<u>*Gerundio*</u> : **huyendo**
<u>*Participio*</u> : *huido*

Outros *verbos*: *afluir, argüir, atribuir, buir, circuir, concluir, confluir, constituir, construir, contribuir, derruir, desobstruir, destituir, destruir, difluir, diluir, diminuir, disminuir, distribuir, esmuir, estatuir, excluir, fluir, fruir, gruir, imbuir, incluir, influir, inmiscuir, instituir, instruir, intuir, luir, muir, obstruir, ocluir, prostituir, reargüir, recluir, reconstituir, reconstruir, redargüir, refluir, restituir, retribuir, substituir, sustituir, tribuir.*

El verbo/O verbo

e) Acrescentar **ig**:

MODELO: *Oír*

MODO INDICATIVO

<u>*Presente*</u>
oigo
oyes
oye
oímos
oís
oyen

<u>*Copretérito*</u>
oía

<u>*Pretérito*</u>
oí
oiste
oyó
oímos
oísteis
oyeron

<u>*Futuro*</u>
oiré

<u>*Pospretérito*</u>
oiría

MODO SUBJUNTIVO

<u>*Presente*</u>
oiga

oigas
oiga
oigamos
oigáis
oigan

<u>Pretérito</u>
oyera
oyeras
oyera
oyéramos
oyerais
oyeran

oyese
oyeses
oyese
oyésemos
oyeseis
oyesen

MODO IMPERATIVO

<u>Presente</u>
oye (tú)
oiga (él)
oigamos (nosotros)
oid (vosotros)
oigan (ellos)

FORMAS NO PERSONALES

<u>Infinitivo</u> : *oír*
<u>Gerundio</u> : *oyendo*
<u>Participio</u> : *oído*

Outros *verbos*: *caer, decaer, descaer, desoír, entreoír, recaer, trasoír.*

El verbo/O verbo

f) Mudança de **c** para **g**:

MODELO: *Hacer*

MODO INDICATIVO

Presente
hago
haces
hace
hacemos
hacéis
hacen

Copretérito
hacía

Pretérito
hice
hiciste
hizo
hicimos
hicisteis
hicieron

Futuro
haré
harás
hará
haremos
haréis
harán

Pospretérito
haría

harías
haría
haríamos
haríais
harían

MODO SUBJUNTIVO

Presente
haga
hagas
haga
hagamos
hagáis
hagan

Pretérito
hiciera	*hiciese*
hicieras	*hicieses*
hiciera	*hiciese*
hiciéramos	*hiciésemos*
hicierais	*hicieseis*
hicieran	*hiciesen*

MODO IMPERATIVO

Presente
haz *(tú)*
haga *(él)*
hagamos *(nosotros)*
haced *(vosotros)*
hagan *(ellos)*

El verbo/O verbo

FORMAS NO PERSONALES

Infinitivo : hacer
Gerundio : haciendo
Participio : **hecho**

Outros *verbos*: *contrahacer, deshacer, lagrimecer, liquefacer, rarefacer, rehacer, revejecer, satisfacer, tumefacer*.

g) Mudança de **ab** para **ep**:

MODELO: *Caber*

MODO INDICATIVO

Presente
quepo
cabes
cabe
cabemos
cabéis
caben

Copretérito
cabía

Pretérito
cupe
cupiste
cupo
cupimos
cupisteis
cupieron

Futuro
cabré
cabrás
cabrá
cabremos
cabréis
cabrán

Pospretérito
cabría
cabrías
cabría
cabríamos
cabríais
cabrían

MODO SUBJUNTIVO

Presente
quepa
quepas
quepa
quepamos
quepáis
quepan

Pretérito
cupiera	*cupiese*
cupieras	*cupieses*
cupiera	*cupiese*
cupiéramos	*cupiésemos*
cupierais	*cupieseis*
cupieran	*cupiesen*

MODO IMPERATIVO

Presente
cabe *(tú)*
quepa *(él)*
quepamos *(nosotros)*
cabed *(vosotros)*
quepan *(ellos)*

FORMAS NO PERSONALES

Infinitivo: caber
Gerundio : cabiendo
Participio : cabido

Outros *verbos*: resaber, saber

h) Mudança de **ec** para **ig**:

MODELO: *Bendecir*

MODO INDICATIVO

Presente
bendigo
bendices
bendice
bendecimos
bendecís
bendicen

Copretérito
bendecía

Pretérito
bendije
bendijiste
bendijo
bendijimos
bendijisteis
bendijeron

Futuro
bendeciré

Pospretérito
bendeciría

MODO SUBJUNTIVO

Presente
bendiga
bendigas
bendiga
bendigamos
bendigáis
bendigan

Pretérito
bendijera	bendijese
bendijeras	bendijeses
bendijera	bendijese
bendijéramos	bendijésemos
bendijerais	bendijeseis
bedijeran	bendijesen

El verbo/O verbo

MODO IMPERATIVO

Presente
bendice *(tú)*
bendiga *(él)*
bendigamos *(nosotros)*
bendecid *(vosotros)*
bendigan *(ellos)*

FORMAS NO PERSONALES

<u>*Infinitivo*</u> : *bendecir*
<u>*Gerundio*</u> : **bendiciendo**
<u>*Participio*</u> : **bendito**

Outros *verbos*: *antedecir, condecir, contradecir, decir, desdecir, entredecir, interdecir, predecir, redecir*

B. IRREGULARIDADES DO TEMA DO *PRETÉRITO*

1. Fechar o timbre da vogal.

a) Mudança de **e** para **i**:

MODELO: *Seguir*

MODO INDICATIVO

Presente
sigo
sigues
sigue
seguimos
seguís
siguen

Copretérito
seguía

Pretérito
seguí
seguiste
siguió
seguimos
seguisteis
siguieron

Futuro
seguiré

Pospretérito
seguiría

MODO SUBJUNTIVO

Presente
siga
sigas
siga
sigamos
sigáis
sigan

Pretérito	
siguiera	*siguiese*
siguieras	*siguieses*
siguiera	*siguiese*
siguiéramos	*siguiésemos*
siguierais	*siguieseis*
siguieran	*siguiesen*

MODO IMPERATIVO

Presente
sigue *(tú)*
siga *(él)*
sigamos *(nosotros)*
seguid *(vosotros)*
sigan *(ellos)*

FORMAS NO PERSONALES

Infinitivo : *seguir*
Gerundio : *siguiendo*
Participio : *seguido*

Outros *verbos*: *conseguir, perseguir, proseguir, reseguir.*

b) Mudança de **o** para **u**:

MODELO: *Dormir*

(ver modelo nas páginas 210-212)

Outros *verbos*: *entremorir, morir.*

2. Alguns *pretéritos* especiais:

andar	*anduve*	*anduvo*
conducir	*conduje*	*condujo*
dar	*di*	*dio*
decir	*dije*	*dijo*
hacer	*hice*	*hizo*
poder	*pude*	*pudo*
poner	*puse*	*puso*

querer	*quise*	*quiso*
saber	*supe*	*supo*
ir	*fui*	*fue*
tener	*tuve*	*tuvo*
traer	*traje*	*trajo*
venir	*vine*	*vino*
ver	*vi*	*vio*

C. IRREGULARIDADES DO TEMA DO *FUTURO* E DO *POSPRETÉRITO*

1. Perdem a vogal e a consoante:
    hacer *haré* *haría*

2. Perdem a vogal:
    saber *sabré* *sabría*

3. Perdem a vogal e acrescentam uma consoante:
    tener *tendré* *tendría*

VERBOS QUE MODIFICAM A GRAFIA

Trata-se de modificar a ortografia para manter o som da consoante em questão, isto é, como já comentamos, nada mais é que uma irregularidade ortográfica.

1. Mudam **c** por **qu** antes de **e**.
    tocar *toqué*

Outros *verbos*: *buscar*

2. Mudam **qu** por **c** antes de **a, o**:
    delinquir *delinco* *delinca*

3. Mudam **g** por **gu** antes de **e**:
   pagar   *pague*

Outros *verbos*: *jugar*

4. Perdem o **u** antes de **a, o**:
   distinguir   *distingo*   *distinga*

Outros *verbos*: *conseguir, extinguir, perseguir, proseguir, reseguir*

5. Mudam **g** por **j** antes de **a, o**:
   coger   *cojo*   *coja*

Outros *verbos*: *dirigir, encoger, proteger, recoger*

6. Mudam **c** por **z** antes de **a, o**:
   vencer   *venzo*   *venza*

Outros *verbos*: *convencer, esparcir*

7. Mudam **z** por **c** antes de **e**:
   trazar   *tracé*   *trace*

Outros *verbos*: *avanzar, cruzar, trenzar*

8. **U** passa a ter trema antes de **e**:
   averiguar   *averigüé*   *averigüe*

Outros *verbos*: *aguar*

VERBOS DEFECTIVOS

Assim se denominam os verbos que carecem de alguns tempos

ou de algumas pessoas, devido ao seu significado ou às suas estruturas que impedem ou dificultam sua conjugação.

Os principais são: *abolir, agredir, balbucir, concernir, placer, soler, transgredir* etc.

O uso se limita a certas formas da conjugação.
Aguerrido, buido, denegrido, despavorido, fallido, manido, desvaído, arrecido, aterido, preterido, descolorido são usados somente no **Participio**.

Alguns verbos têm um significado que só pode ser dito de sujeitos explícitos que se referem a coisas e por isso não podem ser combinados nem com a primeira nem com a segunda pessoa: *atañer, concernir, acontecer, acaecer*, por exemplo: *Tu decisión no me atañe*.

Também não é habitual usar outra pessoa que não seja a terceira com verbos que denotam fenômenos da natureza: *llover, nevar, atardecer, alborear, centellear, relampaguear, tronar, lloviznar, diluviar, escampar* etc.: *Nevó mucho aquel invierno*. No entanto, outras pessoas podem ser usadas quando o objetivo é expressar simultaneidade com esses fenômenos: *Salimos temprano de Málaga y atardecimos en Madrid*.

O verbo *soler* (usado somente em perífrase com **Infinitivo**) aparece quase exclusivamente com os **Presentes** *suelo, suela*, os **Pretéritos**, *solía, he solido* (nas diferentes pessoas e número: *suelen, soléis, suela* etc.).

Alguns verbos da terceira conjugação são usados, e não muito, somente nas formas cuja terminação começa com i, como, por exemplo: *abol-ir, abol-ió*; o mesmo ocorre com *agredir, transgredir, compungir*.

El verbo/O verbo

Em alguns verbos, outro paradigma de conjugação é adotado. Assim, por exemplo, verbos como *garantir* (na América usa-se *garanto*) e *balbucir* (ainda se usa *balbuce, balbucí, balbuciera*) obtêm outra forma da conjugação a partir de *garantizar* y *balbucear*.

VERBOS IMPERSONALES

Há verbos que só se usam na terceira pessoa do singular de cada tempo e nas formas *no personales*: são os verbos *impersonales*; a maioria deles se refere a fenômenos atmosféricos: *acaecer, acontecer, alborear, amanecer, anochecer, atañer, atardecer, centellear, clarear, concernir, chaparrear, chispear, deshelar, diluviar, escampar, escarchar, granizar, helar, llover, lloviznar, oscurecer, relampaguear, nevar, suceder, tronar, ventear, ventisquear.* São conjugados como os modelos regulares ou irregulares correspondentes.

Em contraste com o português

Já vimos que o auxiliar para os tempos compostos em espanhol é *haber* e em português ter: *Ya lo había visto* / Já o tinha visto.

No espanhol geral o **Antepresente** (*Pretérito Perfecto*) é mais usado (*hoy he llegado pronto*), quando o passado é sentido como próximo, já em português usa-se mais o Pretérito Perfeito Simples, correspondente ao **Pretérito** do espanhol (hoje cheguei cedo).

Em português não há **Antepretérito** (*Pretérito Anterior*) e em seu lugar usa-se o Pretérito Perfeito Simples (*Pretérito*) precedido de conjunções temporais como depois que, logo que, quando, assim que: *cuando hubo verificado las firmas, envió el documento al Senado* / Assim que conferiu as assinaturas, encaminhou o documento para o Senado.

O *Futuro de Subjuntivo*, tanto o simples quanto o composto têm em português absoluta vigência para expressar uma ação futura incerta e imperfeita (o simples) ou perfeita (o composto). Já em espanhol, trata-se de um tempo em desuso. O espanhol usa para as prótases das orações condicionais reais o *Presente* ou o *Antepresente* (*Pretérito Perfecto de Indicativo*) e para as orações de relativo ou adverbiais o *Presente* ou o *Pretérito de Subjuntivo*: Quando ele chegar eu te aviso / *Encuanto llegue te aviso*.

Condicionales

Presente Indicativo / Futuro Simples do Subjuntivo

Si vienen pronto, cenaremos juntos.
Se eles **vierem** cedo, jantaremos juntos.
Si no aceptan todas las condiciones no firmaremos el contrato.
Se eles não **aceitarem** todas as condições, não assinaremos o contrato.
Si es necesario, estaré tempranito en su casa.
Se **for** necessário, estarei cedinho em sua casa.

Antepresente de Indicativo / Futuro Composto do Subjuntivo

Si a las once no ha llegado, nos vamos.
Se não **tiver chegado** às onze horas, vamos embora.

Oraciones de relativo

Presente de Subjuntivo / Futuro Simples do Subjuntivo

El que nazca primero, heredará la fortuna de su padre.
Aquele que primeiro **nascer**, herdará a fortuna de seu pai.
Sólo se premiará a los que consigan los tres primeros puestos.
Serão premiados apenas os que **conseguirem** os três primeiros lugares.

Antepresente de Subjuntivo / Futuro Composto do Subjuntivo

*Los que **hayan venido** en autobús, tendrán que volver en tren.*
Os que **tiverem vindo** de ônibus terão que voltar de trem.
*Serán homenajeados los jugadores que menos agresiones **hayan cometido**.*
Serão homenageados os jogadores que menos **tiverem cometido** agressões.

Oraciones adverbiales

Presente de Subjuntivo / Futuro Simples do Subjuntivo.

*Cuando **acabe** de escribir el texto entréguelo en la Dirección.*
Quando **acabar** de escrever o texto entregue-o na Diretoria.
*Mientras no **sepa** la verdad no daré mi opinión.*
Enquanto não **souber** a verdade, não darei a minha opinião.
*Cuanto más desempleo **haya**, más aumentará el índice de criminalidad.*
Quanto mais **houver** desemprego, mais aumentará o índice de criminalidade.
*Hágalo como **quiera**.*
Faça como **quiser**.

Antepresente de Subjuntivo / Futuro Composto do Subjuntivo

*Cuando **hayamos leído** todos los libros de esta estantería podemos empezar con los de la otra.*
Quando **tievermos lido** todos os livros desta prateleira podemos começar com os da outra.

O infinitivo flexionado, tão característico do português, não existe em espanhol: Traga a farinha para fazermos o bolo / *Trae la harina para que hagamos la tarta*. O português, principalmente o peninsular, usa com muita frequência uma perífrase verbal, a + infinitivo, equivalente ao gerúndio, o que em espanhol é impossível: estava a olhar para a lua / *estaba mirando la luna*.

As formas em **-ra** cantara, vendera, partira, que em português recebem o nome de Pretérito Mais-Que-Perfeito pertencem ao indicativo e no uso, não equivalem às do espanhol *cantara, vendiera, partiera*, que pertencem ao *Pretérito de Subjuntivo*, como *cantase, vendiese, partiese*. O português reserva para este *Pretérito Imperfecto de Subjuntivo* somente as formas em -sse: cantasse, vendesse, partisse.

XVI. *La preposición*
(A preposição)

A *preposición* é a palavra invariável que dentro da oração serve para relacionar elementos como os seguintes:

1. Substantivo e complemento
   *Un vestido **con** mangas.*

2. Adjetivo e complemento
   *Mujer guapa **de** verdad.*

3. Verbo e complemento
   *Manolo miró **hacia** el valle.*

4. Advérbio e complemento
   *Ramiro canta mañana **por** la noche en el Liceo.*

As *preposiciones* em espanhol chamadas simples são as seguintes: **a, ante, bajo, con, contra, de, desde, en, entre, hacia, hasta, para, por, según, sin, sobre, tras**.
Também são consideradas como *preposiciones* as seguintes palavras: **cabe, durante, excepto, mediante, so**. *Cabe* e *so* não são usadas. Só aparecem em textos antigos ou frases feitas.

As *preposiciones* podem expressar referência com respeito a:
— Lugar de destino: *Va **a** Madrid.*
— Lugar de partida: *Voy **desde** Madrid.*
— Tempo de partida: ***Desde** ayer estoy aquí.*
— Lugar de procedência: *Llegó **de** Barcelona.*
— Lugar de destino: *Irá **hacia** el aeropuerto.*
            *Se irá **para** su casa.*
— Lugar externo no espaço: *Está **en** Europa.*
— Lugar interno no espaço: *Está **en** su cuarto.*

— Lugar de passagem: *El sendero está* **por** *aquí*.
— Lugar indefinido de espaço: *Vive* **hacia** *la zona norte*.
— Lugar indefinido no tempo: *Come* **sobre** *las dos de la tarde*.

USO DAS *PREPOSICIONES* EM ESPANHOL

A

Direção, com verbos de movimento: *Vete a tu casa. Se han ido a Brasilia.*

Quantidade: *Todo lo venden a mil pesetas.*

Ese pueblo está a 9 kilómetros.

Modo: *Estudia a su manera.*

Lugar: *Lo colocaron a la izquierda.*

Tempo (para situar a ação num momento preciso): *Vendrá a las ocho.*

Entre o verbo *ir* e um *infinitivo*, expressa futuro imediato: **Vamos a jugar**. *Voy a estudiar un poco.*

Com os outros verbos de movimento, indica finalidade: *Venimos a bañarnos en la piscina.*

ANTE

Lugar: *Se sentó* **ante** *el espejo.*

Referência: *Le puso* **ante** *una situación difícil.*

BAJO

Lugar: *Está* **bajo** *el cobertizo.*

Concessão: *Estaba* **bajo** *el efecto del alcohol.*

La preposición/A preposição

CON

Modo: *Actuó* **con** *energía.*

Companhia: *Estaba* **con** *su hermano, Vino* **con** *sus padres.*

Matéria ou utensílio: *Hizo una figura* **con** *barro, Pinta* **con** *los dedos.*

Serve para expressar causa: **Con** *tanta prisa, se me olvidó llamar a tu hermano.*

Con + infinitivo expressa subordinação concessiva: **Con llorar** *no resuelves nada.* E também condição: **Con ahorrar** *un poco, tienes el piso pagado en dos años.*

Con + lo + adjetivo o adverbio + que e *con + lo + que* introduzem orações concessivas: *Tener que invitarla a mi casa,* **con lo antipática que** *es, Menuda faena me ha hecho, ¡***Con lo** *bien* **que** *me he portado con ella siempre!*

CONTRA

Oposição: *Se revolvió* **contra** *el ladrón.*

DE

Modo: *Lo acepté* **de** *buena gana.*

Lugar de procedência: *Viene* **de** *Valencia.*

Tempo: *Llegó* **de** *madrugada.*

Matéria: *Su figura es* **de** *mármol.*

Causa: *Morirse* **de** *pena.*

Posse: *Esto es* **de** *tu padre.*

Caracterização: *El caballero* **de** *la mano en el pecho*, *La casa* **de** *las conchas*.

Pode relacionar um substantivo ou adjetivo com um infinitivo que seja seu complemento: *Mesa* **de** *planchar*, *Fácil* **de** *hacer*.

De + *infinitivo* serve para expressar condição: **De conocerlo**, *no lo hubiera invitado*.

De + *lo* + *adjetivo* (ou *participio*) + *que* serve para expressar consequência: *Le duele la cara* **de lo guapo** *que es*. Também com um substantivo: *Se me seca la boca* **de la sed** *que tengo*.

DESDE

Tempo de origem: *Estoy aquí* **desde** *las ocho*.

Lugar de origem: *He venido* **desde** *Barcelona*.

Desde + *hace* e *desde* + *hacía* indicam duração: **Desde hace** *un siglo te estoy esperando*, *Estaba guardado hallí* **desde hacía** *un año*.

EN

Lugar: *Ahora está* **en** *Sevilla*.

Tempo (para situar a ação ou para expressar um período): *No quiso ir* **en** *verano*, **En** *aquella época todo era distinto*.

Modo: *Trabaja muy bien* **en** *silencio*.

Quantidade: *Me lo vendió* **en** *doscientas pesetas*.

ENTRE

Lugar: *Eso está* **entre** *el estadio y la plaza de toros*.

Companhia: *Lo trajeron* **entre** *los dos*.

La preposición/A preposição

HACIA

Lugar: *Vamos **hacia** la estación.*
Tempo: *Apareció **hacia** las nueve.*

HASTA

Lugar: *Llega **hasta** la Plaza de Toledo.*

Tempo: ***Hasta** mañana no volverá.*

Antes do sujeito significa *incluso*: ***Hasta** los vecinos lo supieron antes que yo.*

PARA

Finalidade: *Viene **para** arreglar las cosas.*

Antes de um complemento de lugar, expressa para onde alguém se dirige: *Nos **vamos** para casita.*

Antes de um complemento de tempo, situa uma ação no futuro: *Viene **para** Febrero.*

Também pode expressar duração: *Vine **para** un mes y me quedé **para** siempre.*

Opinião: ***Para** mi que aquí hay gato encerrado.*

Locuções:

Estar para + *infinitivo* significa estar a ponto de: ***Estabamos para** salir, cuando llegó.*

No estar para expressa que algo é inoportuno: *Hoy no **estoy para** bromas.*

POR

Lugar: *Estaba paseando **por** el campo.*

Tempo: *Se queda* **por** *una temporada.*

Modo: *Juega* **por** *diversión.*

Finalidade: *Trabajaremos* **por** *el bien de la sociedad.*

Quantidade: *Me lo dio* **por** *cien pesetas.*

Causa: *Muchas gracias* **por** *tu ayuda. Lo hizo todo* **por** *mí.*

Complemento agente: *La obra fue muy aplaudida* **por** *el público.*

Por + adjetivo e *por + infinitivo* expressam causa: *Eso te pasa* **por listo**, ou finalidade: *Lo hizo* **por fastidiar**.

Ação que tem que ser realizada: *Tengo todo el trabajo* **por hacer**.

Locuções:

Estar por: *Estoy por llamar y decir que no puedo ir.*

Por cierto: *Por cierto, ¿Dónde estuviste anoche?*

Por fin: *Por fin te has decidido a venir.*

Por si acaso: *No le digas nada, por si acaso.*

Por poco: *Por poco me quemo.*

Por más (**mucho**, **muy**): *Por más que lo llamo, no contesta.*

SEGÚN

Antes de um verbo, geralmente no indicativo, indica modo: *Te lo traigo* **según** *me lo dieron.*

Pode introduzir uma oração temporal com o sentido de *a medida que, en el orden en que*: **Según** *iban entrando, les iban dando el uniforme.*

La preposición/A preposição

Según, según como e *según y conforme* expressam condição: *¿Me llevarás contigo?* — **Según** *te portes*.

SIN

Privação: *Entró* **sin** *pedir permiso. Estoy* **sin** *dinero*.

SOBRE

Lugar: *Cayó* **sobre** *el otro jugador*.

Tempo: *Pasa por aquí* **sobre** *las ocho de la mañana*.

Matéria: *Hablaron* **sobre** *el petróleo*.

TRAS

Lugar: *Se escondió* **tras** *de la puerta*.

Tempo: *Llegó* **tras** *días de* marcha *por el desierto*.

Com *estar* ou verbo de movimento usa-se com o sentido de *em busca de*, procurando algo: **Estamos** *ya* **tras** *su pista, Hace ya tiempo que* **anda tras** *el cargo de Consejero*.

Locuções:

Sobre todo: *Sobre todo no te olvides de llamarme*.

Sobre seguro: *Me enteraré bien de todo antes, para ir sobre seguro*.

Sobre aviso: *Yo ya estaba sobre aviso, y no me sorprendió lo que dijo*.

Locuções preposicionais

Também conhecidas como *Preposiciones Compuestas*. Alguns exemplos:

Al lado de: *Vive al lado de mi casa.*

Alrededor de: *Daban vueltas alrededor del mismo tema.*

Antes de: *Me llamó antes de venir.*

Cerca de: *Tienes una tienda cerca de aquí.*

Debajo de: *Vive debajo del puente.*

Delante de: *Lo vi pasar por delante del escaparate.*

Dentro de: *Ponlo dentro de la caja.*

Después de: *Se marchó después de la conferencia.*

Detrás de: *Yo voy detrás de tí.*

Encima de: *Los libros están encima de la mesa.*

Enfrente de: *Colócate enfrente de la estatua.*

Fuera de: *Estaba fuera de juego.*

Lejos de: *Cayó muy lejos del cazador.*

Em contraste com o português

Antes de mais nada, devemos destacar a abundância de contrações de preposição + pronome / preposição + artigo / preposição + advérbio... do português: ao, à, aos, às, do, dos, das, dele, dela, deles, delas, deste, desta, destes, destas, disto, desse, dessa, desses, daqui, dali, no, na, nos, nas etc., frente às duas únicas do espanhol *a + el* = **al** e *de + el* = **del**.

Preposição *a*

- O português usa a preposição **a** antes dos dias da semana, mas o espanhol não: *Vienen a visitarme los domingos* / Vêm me visitar aos domingos.

La preposición/A preposição

- Em espanhol, a preposição *a* é usada não somente antes do *objeto indirecto* mas também antes do *objeto directo*, quando este se refere a pessoas: *Abrazó a sus padres* / Abraçou seus pais, *Llevamos al accidentado al hospital* / Levamos o acidentado para o hospital; inclusive com o verbo *tener* (ter) com sentido possessivo: *Tengo a todos mis hermanos aquí* / Tenho todos os meus irmãos aqui. Nestes casos, o português só usa a preposição para evitar ambiguidades, motivo pelo qual, às vezes, as duas línguas coincidem: *Amar al prójimo* / Amar **ao** próximo; *Perdonar a nuestros ofensores* / Perdoar **aos** nossos ofensores.

- Em espanhol também se usa a preposição **a** com o verbo *jugar*: *Jugar a la pelota* / Jogar bola.

- O verbo *ir* seguido de um infinitivo expressando intenção ou propósito é usado com preposição em espanhol e sem ela em português: *¿Nos vamos a ver mañana?* / Vamos ver-nos amanhã?

- Em algumas expressões com verbos de movimento, o português usa **em** onde o espanhol usa **a**: *Llegar a la playa* / Chegar **na** praia.

- Em algumas expressões, o português usa **para** onde o espanhol usa **a**: *Voy a San Pablo* / Vou **para** São Paulo; *Salió a pasear* / Saiu **para** passear; *Traducir del español al portugués* / Traduzir do espanhol **para** o português.

- Em expressões de tempo, o português costuma usar **a** onde o espanhol usa *por* ou *de*: *Por la* (ou *de*) *noche estudio mejor* / **À** noite estudo melhor.

- Em algumas expressões de modo ou distributivas e em algumas locuções temporais, o português usa **a** onde o espanhol usa *en*: *Te estoy hablando en serio* / Estou lhe falando **a** sério; *No te* *tomas en serio lo que te digo* / Você não leva **a** sério o que eu digo; *Todo eso fue de mal en peor* / Tudo isso foi de mal **a** pior; *De dos en dos, empezaron a salir del salón* / Dois a dois, começaram a sair da sala; *Tardó mucho en llegar pero por fin vino* / Tardou muito **a** chegar, mas finalmente veio; *De hoy en veinte días vamos a tener una fiesta en el barrio* / De hoje **a** vinte dias vamos ter uma festa no bairro.

Preposição *bajo*

- A preposição *bajo* em português é substituída por **sob, abaixo de** ou **embaixo de**: *Fue encarcelada bajo sospecha de haber cometido un crimen* / Ela foi presa **sob** suspeita de ter cometido um crime; *La temperatura en Madrid hoy es de dos grados bajo cero* / A temperatura em Madri hoje é de dois graus **abaixo de** zero.

Preposição *con*

- A preposição **com** é usada em português depois do verbo **estar** em expressões possessivas: A tua calça está **com** teu irmão; Estava **com** uma tremenda dor de cabeça; Estou **com** muita saudade de você... Esse uso não coincide com o do espanhol, que prefere a construção com o verbo ***tener***: *Tus pantalones los tiene tu hermano; Tenía un tremendo dolor de cabeza; Tengo mucha nostalgia de ti...* Esta construção só é possível em espanhol quando expressa companhia e, portanto, só pode ser usada com nomes de pessoas: *El niño estaba con su padre en el parque; La señora estaba con su marido*. **Estar con** em outras construções denota permanência ou situação: *Allí estaba ella con las flores en la mano; Está con el agua al cuello*.

Preposição *contra*

- Há um uso especial da preposição *contra* em espanhol na linguagem comercial que não se dá em português: *Un talón contra el Banco de España* / Um talão do Banco de Espanha.

Preposição *de*

- A preposição **de**, em construções perifrásticas de obrigação (frases construídas com um verbo e uma preposição que por meio de um rodeio expressam ideia de obrigação), é usada em espanhol e em português com o verbo *haber* (haver). *Hemos de darnos prisa si queremos llegar a tiempo* / **Temos de** nos apressar se quisermos chegar a tempo.

- A construção com *tener* (ter), muito usada em português, não se usa em espanhol e soa arcaico, como nesta cantiga popular: *Tengo de subir al árbol* / *tengo de cortar la flor* / *y dársela a mi morena* / *que la ponga en el balcón*.

- Em português, usa-se **de** no segundo termo da comparação de superioridade ou de inferioridade, mas em espanhol não: *Es más guapa que su hija* / É mais bonita **do** que a sua filha. No entanto, no espanhol não faltam casos que coincidem com o português: *Siempre cuenta menos de lo que sabe* / Sempre conta menos **do** que sabe.

- O português costuma usar **de** em expressões de lugar onde o espanhol usa *desde*: *Veo desde mi ventana la casa de mi novio* / Vejo **da** minha janela a casa do meu namorado.

- Em expressões de tempo, com nomes de partes do dia, o português usa **de** onde o espanhol, frequentemente, usa *por*: *por la noche* / **de** noite; *por la mañana temprano* / **de** manhã cedo; não faltam exemplos em espanhol com **de**, principalmente na América: *Se entró de tarde en el río (J. Martí).*

- Nas duas línguas existe a construção *hacer + adjetivo sustantivado* (fazer + adjetivo substantivado), com o sentido de *simular, fingir*, porém em português aparece intercalada a preposição **de**, o que não ocorre em espanhol: *No te hagas el sordo* / Não se faça **de** surdo.

- Com o verbo *gustar* (gostar) usa-se a preposição **de** em português, enquanto o espanhol não a usa, visto que a construção é totalmente diferente: *Me gustas mucho* / Gosto muito **de** você; *Me gusta la música brasileña* / Gosto **da** música brasileira; *Le gusta bailar* / Gosta **de** dançar; em espanhol, a construção paralela à do português se dá na língua culta com pouca frequência de uso: *Gustaba **de** pasear por el jardín de la casa al anochecer*.

Preposição *en*

- O contraste mais notável, pela frequência de uso, é o da preposição **de** em português com os verbos viajar, andar, ir...: *viajar en avión, andar con corbata, ir en coche...* / viajar de avião, andar de gravata, ir de carro...

- Há em português uma construção de tipo temporal com **em + gerúndio** que em espanhol prescinde da preposição ou usa *cuando + presente de subjuntivo* ou *al + infinitivo*: *Viéndola se va a poner verdaderamente contento (cuando la vea..., al verla...)* / **Em** ele a **vendo**, vai ficar contente mesmo; em espanhol antigo e ainda hoje em contextos arcaicos, podemos encontrar a construção paralela à do português: *En viéndola, hechó a correr para abrazarla*.

- Em expressões temporais, com dias da semana, meses ou anos, o português costuma usar **em**, enquanto o espanhol não usa nada: *Vamos a hacer una fiesta el jueves* / Vamos fazer uma festa **na** quinta; *Se fue a Perú el año pasado* / Foi para o Peru

no ano passado; no entanto, é possível dizer em espanhol: *En 1994 estuve en Perú; En abril, aguas mil.*

- O espanhol usa *en* em algumas expressões nas quais o português usa a:
  Voltamos de hoje a um mês/*Volvemos de hoy en un mes.*
  Ir de mal a pior/*Ir de mal en peor.*
  Tardar a vir/*Tardar en venir.*
  Bordado a seda/*Bordado en seda.*

- O português usa com frequência a preposição **em** com verbos de movimento onde o espanhol usa *por*: *El niño corría por el parque* / O menino corria **no** parque.

- O português do Brasil usa **chegar em**, enquanto o espanhol prefere *llegar a*: *Llegué a la playa y empezó a llover* / Cheguei **na** praia e começou a chover.

Preposição *hacia*

- A preposição *hacia* não é usada em português; em seu lugar usam-se **para** e as formas contractas da velha preposição **per** (pelo, pela, pelos, pelas), desaparecida da língua atual: *Pasaremos por tu casa hacia las ocho* / Passaremos na sua casa lá **pelas** oito.

Preposição *para*

- A preposição **para** tem um uso mais frequente em português, principalmente em expressões de finalidade, onde o espanhol, mesmo podendo usar *para*, normalmente prefere *a*: *Le di tu bolígrafo al sargento* / Dei tua caneta **para** o sargento; *Vino a pedir ayuda* / Veio **para** pedir ajuda.

- Para indicar aproximação o português costuma usar **para** e o espanhol *a*: *Tenía un color tirando a verde* / Tinha uma cor puxando **para** o verde.

Preposição *por*

- Alguns verbos, como *anhelar, ansiar, desear*, que em espanhol são usados em construções transitivas, em português regem a preposição **por**: *Ansiaba besarla* / Ansiava **por** beijá-la.

XVII. *La conjunción*
(A conjunção)

São chamadas *conjunciones* dois tipos de palavras invariáveis (que mantêm sempre a mesma forma, não apresentam morfemas nem de gênero, nem de número, nem de nenhum outro tipo) que permitem a inclusão de orações num mesmo enunciado. Servem, portanto, para unir palavras ou orações. Há duas classes: as de *coordinación* e as de *subordinación*.

As *conjunciones de coordinación* são conectivos que unem palavras ou orações que desempenham a mesma função.
Usam-se outras categorias de palavras (principalmente advérbios) para introduzir aspectos de coordenação: *más bien*, *bien... bien*.
Pode haver grupos de palavras com caráter de *conjunción* chamados locuções.

Estas são as mais usuais:

Copulativas: *y, e, ni que*
  Termina todo y te vas a jugar.

Disyuntivas: *o, u, ya, bien, tal, sea, ora, que... que; uno... otro, cual... cual* etc.
  O lo compras o nos vamos.

Adversativas: *mas, pero, empero, aunque, sino, sin embargo, antes bien, mas bien, a pesar de, con, con todo* etc.: *Me gustaria ir de vacaciones, pero no sé si podré.*

Causales: Pela sua função de introduzir orações, anotamos também as seguintes locuções **explicativas**: *así que, conque, es decir, esto es, luego, o sea, por lo tanto, por esto, por consiguiente, pues, puesto que* etc.

As *conjunciones de subordinación* têm a missão de introduzir uma *oración* em outra. Converte a *oración* que foi introduzida num simples elemento da outra *oración* (*complemento directo, sujeto, complemento circunstancial* etc). A *oración* que passa a cumprir estas funções é chamada *proposición* e a outra é chamada *principal*.

As *conjunciones de subordinación* são apenas três ou quatro – *que, si, pues,* mas o número é incrementado pela combinação *de que* com diversas *preposiciones* – *por que, para que, hasta que, a fin de* – ou com outras palavras – *aunque, así que, con tal que,* etc. As mais usuais em espanhol, considerando que locuções são aquelas que têm mais de uma palavra, são as seguintes:

De tiempo: *antes de que, hasta que, primero que, después de que, al tiempo que, apenas, desde que, en cuanto que, a medida que, cuando, mientras que, cada vez que, siempre que, hasta que* etc.

Causales: *como, porque, debido a, dado que, puesto que, ya que, por medio de* etc.

Consecutivas: *de manera que, de modo que, por lo tanto, tanto que* etc.

Condicionales: *si, a condición de, a no ser que, como, en el caso de que, no sea que, excepto que, siempre que* etc.

Finales: *a fin de que, con objeto de, por medio, para que* etc.

Concesivas: *aunque, aun cuando, así, a pesar de que, por más que, por mucho que, si bien* etc.

Comparativas: *igual que, tanto como, tan, más que, menos que* etc.

Modales: *como, conforme, cuanto, de manera que, de modo que* etc.

Em contraste com o português

Copulativas

Não é possível em espanhol o uso, tão frequente na língua popular e familiar portuguesa, do advérbio **mais**, acompanhado ou não pela conjunção com valor aditivo: Morávamos naquela casa eu **e mais** meu tio Caetano / *Vivíamos en aquella casa mi tío Caetano y yo*.

Adversativas

A mais usada em espanhol é ***pero***, frente ao **mas** do português. Em espanhol, ***mas*** reserva-se para a língua culta ou para a escrita.

Todavia é, em português, conjunção adversativa, enquanto em espanhol é *adverbio de tiempo*. A *conjunción* equivalente a **todavia** em espanhol é *sin embargo*: Ele não gosta muito de ler, todavia adorou esta obra / *No le gusta mucho leer, sin embargo, le encantó la obra*.

Em português, **sem embargo** é concessivo, e não adversativo como em espanhol.

Condicionales

Como pode ser usado com valor condicional em espanhol. Em português, esse valor condicional pode ser expresso com **se, desde que, a + infinitivo** ou **uma oração principal seguida de uma de infinitivo com que**: ***Como*** *no se lo digas ahora, vas a perder la oportunidad* / **Se** você não disser agora, vai perder a oportunidade; ***Como*** *no vengas, a la hora vas a ver* / Não venha na hora certa **que** você vai ver.

Concesivas

Já apontamos o valor concessivo e não adversativo de **sem embargo**, que deve ser traduzido como *a pesar de*; o *sin embargo* espanhol deve ser traduzido por **porém**, **contudo** ou **no entanto**: Fomos passear na praia **sem embargo do** mau tempo / *Fuimos a pasear por la playa **a pesar del** mal tiempo*; Não é bonita, **no entanto** tem muito sucesso / *No es guapa; **sin embargo** tiene mucho éxito*.

Temporales

Assim que, em português, é conjunção temporal e não pode ser consecutiva, como em espanhol. **Assim que** equivale a *en cuanto* ou *tan pronto como*, e a consecutiva do espanhol com *así que* deve ser traduzida por **de modo que**: **Assim que** eu souber alguma coisa, te ligo / ***En cuanto** sepa algo, te llamo por teléfono*; O prefeito já chegou, **de modo que** o ato vai começar daqui a pouco / *Ya ha llegado el alcalde, **así que** el acto va a empezar dentro de poco*.

XVIII. *La interjección*
(A interjeição)

A *interjección* é uma ou mais palavras que não fazem parte da oração, mas que equivalem a ela por sua função linguística conativa que pode ser observada na entonação do falante.
São escritas entre os sinais de *admiración* ¡!.
Expressam emoções, reações ou onomatopeias:

¡Oh!, ¡Chis!, ¡Plaf!

Há dois tipos de *interjecciones*: *propias* e *impropias*.

Propias: Quando só desempenham a função de exclamação e não têm nenhuma relação com o léxico comum.

¡Ay!, ¡Eh!, ¡Hale!, ¡Uf!, ¡Ag!

Impropias: Quando qualquer palavra é usada com caráter de *interjección*:
¡Arriba!, ¡Vamos!, ¡Socorro!, ¡Dale! etc.

Algumas *interjecciones* são de uso temporal devido a modas ou situações, por isso aparecem e desaparecem com frequência do vocabulário usual.

Estas são algumas das palavras mais usadas como *interjecciones*:
¡Abajo!, ¡Adelante!, ¡Ah!, ¡Ahí va!, ¡Ahí viene!, ¡Ahora!, ¡Alto!, ¡Anda!, ¡Ánimo!, ¡Arriba!, ¡Atrás!, ¡Auxilio!, ¡Ay!, ¡Bah!, ¡Basta!, ¡Bravo!, ¡Caramba!, ¡Cataplum!, ¡Chis!, ¡Chitón!, ¡Dios mío!, ¡Dale!, ¡Hala!, ¡Hale!, ¡Hola!, ¡Hurra!, ¡Huy!, ¡Jope!, ¡Jolín!, ¡Jesús!, ¡Ojalá!, ¡Ojo!, ¡Plaf!, ¡Por Dios!, ¡Ps!, ¡Socorro!, ¡Toma!, ¡Vale!, ¡Vaya!, ¡Venga!, ¡Zas! etc.

XIX. *Los adverbios*
(Os advérbios)

São palavras invariáveis, o que significa que têm sempre a mesma forma, sem a necessidade de indicar gênero ou número. Como seu próprio nome indica, funcionam como adjuntos de um *verbo*: *Usted **habla poco**, Tu chaqueta me **gusta mucho**, Te **escribiremos mañana**.* Mas podem aparecer também como adjuntos de um *adjetivo*: *Tus zapatos son **muy bonitos**, Carlos estuvo **poco amable**;* ou de outro *adverbio*: *Estuviste **muy bien**, Anoche llegaste **bien tarde***; e podem estender sua influência sobre um grupo de palavras cujo núcleo seja um *verbo*, um *adjetivo*, um *adverbio* ou qualquer outra palavra ou grupo de palavras que funcione dessa forma, neste contexto: ***Generalmente**, pasamos el verano en la playa, Ese tipo va **muy a lo suyo**, Nos vemos **muy de tarde en tarde**, Es guapo pero **muy sin sustancia**.*

Quando dizemos invariáveis nos referimos ao fato de que não admitem morfemas de gênero ou de número, mas isso não quer dizer que tenham uma forma comum e que não possam admitir certos morfemas, como sufixos aumentativos ou diminutivos: *Vive **lejísimos** (> lejos), Come **poquísimo** (> poco), Tienes un buzón de correos aquí **cerquita** (> cerca), **Ahorita** (> ahora) le atiendo.*

<u>Classificação dos *adverbios*</u>

Considerando seu significado, podemos falar de dois tipos: os que servem para completar o significado da palavra que acompanham denotando circunstâncias (tempo, modo, lugar, intensidade): *Ven **pronto**, **Todavía** no han salido de casa, No trabajes **tanto***; e os que se referem à realidade, à substância (e não à circunstância) do significado da palavra que acompanham: ***Sí**, es bonito, No estés **tan** seguro de ello, **Quizás** no sea tarde para cambiar de vida y **probablemente** sea, **además**, inevitable.* Estes

Los adverbios/Os advérbios

do segundo tipo, como podemos ver, geralmente se referem à frase inteira e não a uma só palavra.

Se consideramos critérios de funcionamento, podemos estabelecer outra classificação: *adverbios demostrativos* (***aquí***, ***entonces***, ***ahora***, ***tal***, ***tanto***), *relativos*, *interrogativos* e *exclamativos* (já estudados nos apêndices correspondentes).

<u>Adverbios</u> de uso mais frequente

De lugar:
Alrededor
Aquí, acá, ahí, allá, allí
Encima, debajo, arriba, abajo
Delante, detrás, adelante, atrás
Dentro, fuera, adentro, afuera
Cerca, lejos

De tiempo:
Ahora, antes, primero, después, luego, entonces, hoy, ayer, anteayer, mañana, antes, temprano, pronto, tarde, todavía, aún, ya, siempre, nunca, jamás.

De modo:
Así, casi, tal, bien, mal, peor, mejor, deprisa, despacio.

De intensidad:
Tanto (tan), mucho (muy), poco, bastante, demasiado, algo, nada, más, menos, medio, apenas, casi.

De afirmación:
Sí, claro, desde luego.

De negación:
No.

De duda **(dúvida):**
Quizá (o quizás), acaso, tal vez, a lo mejor.

De relación con lo dicho **(relação com o já mencionado):**
Como consequência do que foi dito: *pues, así pues, por tanto.*
Como acúmulo (acréscimo) do que foi dito: *además, también, tampoco.*
Como oposição ao que foi dito: *sin embargo, no obstante.*

Observe-se que alguns deles — ***mucho, poco, bastante, peor, mejor, menor, tanto, demasiado*** — têm a mesma forma que o masculino dos *adjetivos* correspondentes. Na verdade, trata-se de uma *adverbialización del adjetivo.*
Por outro lado, qualquer outro adjetivo pode estar sujeito à transformação em *adverbio* pelo simples procedimento de acrescentar o sufixo *-mente*: *buenamente, activamente, ilegalmente* etc. Estes *adverbios* se caracterizam por conservar, inclusive ortograficamente, o acento próprio do *adjetivo* original, o que nos permite eliminar o afixo do primeiro, caso sejam coordenados: ***Clara y llanamente*** *le explicó el asunto.* No entanto, devemos considerar alguns *adjetivos comparativos*: ***mejor, peor, menor***; e alguns *indefinidos*: ***mucho, poco, bastante, harto***, que não admitem a *adverbialización* com *-mente*.
É necessário acrescentar a todas estas formas adverbiais as já estudadas nos *relativos, interrogativos* e *exclamativos*.

<u>Algumas particularidades dos *adverbios de lugar*</u>

Aquí, acá /ahí / allí, allá expressam a ideia de proximidade ou distância, no espaço ou no tempo, em relação ao falante ou ao

Los adverbios/Os advérbios

ouvinte, como os *adjetivos* e *pronombres demostrativos*: ***Aquí** es todo mucho más caro*, *¿Está por **ahí** mi maleta?*, *Esa película se estrenó **allá** por los años cincuenta*.
Allí e ***allá*** indicam lugar que está longe do falante e do ouvinte, mas ***allí*** indica com mais precisão que ***allá***: *Es aquel edificio de **allí**, ¿No lo ves?*, ***Allá** los inviernos son fríos pero soleados*. No que se refere ao tempo, ***allá*** também é mais vago; ***allí*** indica uma ocasião concreta, determinada: *Era una canción muy popular **allá** por mi juventud*, *Cuando llegó Carmen, no os quiero ni contar la que **allí** se armó*. Por último, devemos dizer que, sintaticamente, ***allá*** se presta mais a vir acompanhado de *modificadores cuantitativos*: *Esa calle está **más allá***, *Colócalo **cuanto más allá** mejor*, *No te vayas **muy allá***. Esse tipo de construção não seria normal com ***allí***.

Encima indica *en lugar o puesto superior a otro*, real ou figurado, e normalmente aparece como *complemento* de *verbos* de situação: *Deja la cartera **encima** de esa mesa*, *No he podido quitarme de **encima** al pesado de Carlos hasta ahora*. Não faltam casos em que aparece com *verbos* de movimento: *Antes de eso, tendrás que pasar por **encima** de mi cadáver*.
Usa-se também com o significado de *además*: ***Encima** de que le invitamos a cenar, quiere que le vayamos a buscar en coche a su casa*.
A expressão ***por encima*** às vezes é usada com o sentido de *superficialmente, con poca dedicación* ou *seriedad*: *Se nota que hoy has hecho la limpieza muy **por encima**, está la mesa llena de polvo*; *Conozco el asunto un poco **por encima**, de manera que no sabría qué opinar*.

Debajo significa o oposto de ***encima***.

Arriba indica *a lugar o puesto superior*. Normalmente se usa

como complemento de *verbos* que indicam movimento: *Ve **arriba** y pídele a la vecina el periódico de hoy*. Porém pode aparecer com verbos de situação: *Enfrente vive un músico y **arriba** una cantante, así que estoy bien entretenida*. Depois de um nome, significa *en dirección a la parte más alta del lugar a que el nombre se refiere*: *Se alejó **calle arriba** lo más rápido que pudo*; *Cuando de mi patrona / subo a la ermita, / se me hace cuesta abajo / **la cuesta arriba** / y cuando bajo, / se me hace **cuesta arriba** / la cuesta abajo*. No que se refere às diferenças entre *arriba* e *encima*, além das que podem ser deduzidas pelo que já estudamos até agora, podemos dizer que *arriba* tem um sentido mais abstrato e absoluto; por outro lado, *encima* tem um significado mais concreto e relativo: *Rellene los impresos que encontrará **encima** de esa mesa y entréguelos en la ventanilla de **arriba***.
Arriba é usado como *interjección* para exaltar: *¡**Arriba** los corazones!*

Abajo é o oposto de *arriba* e, portanto, como *interjección* se usa para desaprovar: *¡**Abajo** los explotadores!*
Entre *abajo* e *debajo* há o mesmo aspecto da diferença entre *arriba* e *encima*: *Recoja esos paquetes de **debajo** de la mesa y lléveselos al vecino de **abajo***.

Adelante se usa com verbos de movimento, ainda que algumas vezes a ideia de movimento esteja implícita e signifique *más allá, hacia la parte que está delante del sujeto* no espaço ou no tempo: *Diez metros más **adelante** encontrarán el Palacio de Comunicaciones*; *Ahora me es imposible comprarme un piso, ya veremos más **adelante***; *En **adelante** me voy a portar mejor*. Usa-se também na língua coloquial como indicação de permissão ou convite para entrar: — *¿Se puede?* —***Adelante***; ***Adelante***, *está usted en su casa*.

Los adverbios/Os advérbios

Atrás tem o significado contrário: *El caballo blanco se va quedando **atrás**, Nuestra relación viene de muy **atrás**.*
Para dar ideia de tempo, *atrás* pode aparecer depois de um nome, geralmente no plural, que signifique unidade temporal: *Muchos años **atrás** vivía aquí una anciana mujer, **Días atrás** vino por aquí un tipo muy curioso.*
Também pode dar ideia de lugar, se aparecer depois de *marcha* e *cuenta*, como um *adjetivo*: *ya ha empezado la **cuenta atrás** para el lanzamiento de un nuevo satélite Ispasat, Metió la **marcha atrás** y le hizo polvo el faro al coche del vecino.*

Não devemos confundir os *adverbios* **adelante** e **delante**. O primeiro indica um movimento real ou imaginário, enquanto o segundo indica simplesmente uma situação: *No sigas **adelante** con ese proyecto que no te va a traer más que disgustos, Más **adelante** encontrarás una estación de metro, No te pongas **delante** que no me dejas ver, **Delante** de mí estaba ella, mirándome con aquellos lindos ojos negros.*
O mesmo aspecto de diferença existe entre **atrás** e **detrás**: *La calle de Goya la encontrarán dos cuadras más **atrás**, siguiendo por esta avenida; Al andar se hace camino / y al volver la vista **atrás** / se ve la senda que nunca / se ha de volver a pisar* (A. Machado); *Primero dijo que nos ayudaría, pero, cuando vio de qué se trataba, se volvió **atrás**; **Detrás** de este edificio, está la playa; Dame ese abrigo que hay **detrás** de ti.*

Dentro significa *en la parte interior*; costuma ser precedido por *preposiciones* que denotam movimento ou aproximação: *Dentro de la casa, reinaba el desorden más absoluto, Me llamó desde dentro, Miró hacia dentro, Por dentro está totalmente vacío*; quando a *preposición* é *a*, escreve-se junto: *Vamos adentro, que va a llover a cántaros*; *adentro* tem também um valor *adverbial* próprio; significa principalmente *hacia el interior*: *Vengan aden-*

tro, no se queden ahí; usado depois de um nome, tem o sentido de *hacia la parte interior* do nome que acompanha: *El delfín miró sorprendido la playa y huyó **mar adentro**.*

Fuera e ***afuera*** são opostos a ***dentro*** e ***adentro***: *Desde **fuera** del palacio, la multitud gritaba consignas contra la política del presidente*; *Vamos **afuera** que hace menos calor*. A locução preposicional ***fuera de*** pode ter o sentido de *excepto, salvo*: ***Fuera** de esto, no queda otra cosa por hacer*. Também pode indicar *muy nervioso, muy excitado*: *La muchacha gritaba **fuera** de sí llorando de alegría*.

Cerca expressa *proximidad*: *Vive **cerca**, Me siento muy feliz cuando te tengo **cerca***; também é usado com o sentido de *cantidad que casi alcanza cierto número*: *Tenía **cerca de un millón** de libros en la biblioteca, El piso les ha costado **cerca de treinta** millones de pesetas*.

O advérbio ***lejos*** é o oposto de ***cerca***: *Vivía muy **lejos** del centro, Te echo mucho de menos cuando estás **lejos***. A locução *a lo lejos* significa *a gran distancia*: *Desde el barco, se veían **a lo lejos** las luces del paseo marítimo*; *A lo lejos alguien cantaba una triste canción*. ***Lejos de*** tem o sentido de *por el contrario, en lugar de*, ou seja, denota oposição a algo que se disse: ***Lejos de** olvidarse de ella, cada día sentía más su ausencia*; ***Lejos de** enfadarse y ponerse a gritar, se echó a reír y a dar abrazos a todo el mundo*.

Alrededor significa *rodeando a algo o a alguien*: *Siempre estáis todos **alrededor** de la televisión como si fuese un tótem sagrado, Tenía siempre muchos hombres a su **alrededor**.* A locução ***alrededor de*** também é usada para indicar aproximação: *Anoche nos acostamos **alrededor de** las once, Tiene **alrededor de** setenta años*.

Los adverbios/Os advérbios

Alrededor também pode ser *sustantivo*: *Se compraron una finca en los **alrededores** de Málaga.*

Algumas particularidades dos *adverbios de tiempo*

Ahora significa, de forma geral, *en el momento presente*: ***Ahora** no son fáciles de encontrar esos sombreros, He llegado **ahora**, **Ahora** le escribiremos.* É normal enfatizar seu significado acrescentando *mismo* ou os sufixos *-ita*, *-itita*, *-itica*: *Tenemos que hacerlo **ahora mismo**, **Ahorita** le atendemos, No se vaya que **ahoritita** vuelvo, **Ahoritica mismo** lo he visto pasar por allí.*
Ahora e *ahora bien* podem ser usados com sentido *adversativo*: *Yo en tu caso no iría, **ahora**, tú verás si te conviene o no presentarte allí; Lo hemos hecho lo mejor que hemos podido, **ahora bien**, si alguien está dispuesto a mejorarlo, adelante.*

Después é um dos *adverbios* mais usados; significa *con posterioridad a* no tempo, no espaço e na ordem, ou seja, pode ser *adverbio de tiempo, lugar* ou *orden*: *Pásate **después** por aquí; **Después** vendré a recoger los encargos; **Después** de cenar fuimos a una fiesta; Por esta calle, **después** del semáforo, encontrará una boca de metro; Esa calle está aquí al lado, **después** de este edificio grande; En el desfile iban primero las autoridades y **después** la banda de música; Primero tú, **después** tú y siempre tú, cuidado que eres egoísta.*

Seu oposto é ***antes***: ***Antes** he venido por aquí y no te he visto, Llámame **antes** de salir de tu casa para estar preparado cuando llegues, **Antes** de la Puerta del Sol hay otra plaza, Por esta calle, **antes** del cruce, encontrarán un banco.*

Luego equivale a *después* no espanhol geral: *Pásate **luego** por aquí y hablamos del asunto, **Luego** te llamo a ver si te apetece* *que vayamos al cine*; em alguns países da América usa-se também com o sentido de *inmediatamente*: *Ya se que es tarde, pero no se preocupen que **luego** llegamos.*

Siempre tem o sentido de *en todo momento o tiempo, con mucha frecuencia*: ***Siempre** es importante saber lo que el cliente piensa, Aquí **siempre** llueve, **Siempre** está gastando bromas, ¿Vienes por aquí **siempre**?* A locução **para siempre** é usada com o sentido de *tiempo absoluto*: *Nos quedaremos juntos **para siempre**, Me voy **para siempre** de esta casa.*

Nunca tem o significado oposto ao de *siempre*: ***Nunca** puede uno saber lo que piensan exactamente los demás, Aquí **nunca** hace frío, **Nunca** viene por aquí*. Se está depois do *verbo*, rege forma negativa: *No vienes **nunca** por mi casa*. Em frases interrogativas tem sentido positivo: *¿Has conocido **nunca** un niño tan simpático?* (¿... *en alguna ocasión, en algún momento, alguna vez*...?).

Jamás equivale a **nunca,** mas tem um sentido mais enfático: ***Jamás** te olvidaré, No lo sabremos **jamás**.*

Pronto significa *cercano en el tiempo* ou *temprano*: ***Pronto** vendrá la primavera, Hoy cenaremos **pronto**. **De pronto** significa *repentinamente*: *Estaba tan tranquilo y **de pronto** empezó a dar gritos como un loco.*

Aún tem o mesmo significado que **todavía**, ou seja, *duración hasta un determinado momento*: *Se fueron de vacaciones y **aún** no han regresado, **Aún** es pronto para comer, Te estoy amando **aún** entre estas frías cosas* (P. Neruda). ***Aun***, sem acento, é uma *conjunción*: ***Aun** viéndolo, me resulta difícil creerlo.*

Los adverbios/Os advérbios

<u>Algumas particularidades dos *adverbios de modo*</u>

Así significa *de esta manera*: *No te pongas **así** que no es para tanto*; ***Así** no hay nada que hacer*; ***Así** me gusta, que me mires a los ojos cuando te hablo*. Normalmente, na conversa, vem acompanhado de gesticulação: *Tenía unas manazas **así**, Vendían unas zanahorias grandísimas, te digo que eran por lo menos **así** y no exagero nada*. Pode também ter um *complemento* com *de*: *Compró una tarta **así** de grande para su cumpleaños, Necesitaría una mesa **así** de alta y **así** de larga*. Quando aparece sem gesticulação tem sentido *consecutivo*: *No me haces nunca caso y **así** te va (No me haces nunca caso y como consecuencia de ello te va mal)*.

Frequentemente antecede à *conjunción **como***, se esta introduz uma *proposición comparativa de cualidad*: *Te lo he hecho **así** como me lo pediste*.

Se aparece repetido, *así así*, perde o significado próprio e passa a significar *no muy bien*: *–¿Como te van las cosas? –**Así así**; Este guiso te ha quedado **así así***.

Así com *verbos* no *subjuntivo* expressa desejo: ***Así** sea, **Así** se tengan que gastar en botica todo lo que nos roban, **Así** te parta un rayo por mala persona*.

Así pode também ser *conjunción concesiva* com o valor de *aunque*: *No toma lechuga **así** la maten*.

Pode ser um *adjetivo calificativo invariable*: *Con un hombre **así** hasta yo me casaría, Con unos amigos **así** no necesito enemigos*.

Así como expressa adição: *La enseñanza es gratuita para todos los jóvenes españoles o residentes en España, **así como** para los adultos que deseen mejorar su formación*.

Así que pode ter sentido *temporal*: ***Así que** pasen cinco años*.

Também pode ter o sentido de *por tanto*: *No había llegado aún nadie, **así que** me senté tranquilamente a esperar*.

Así pues significa *por consiguiente*: *La fiesta había empezado ya; **así pues**, no había más que dejarse llevar por la música y divertirse*.

Así mismo é usado com o sentido de *del mismo modo* e com o de *también*: *Lo ha hecho todo **así mismo**, Suben los subsidios de los jubilados y pensionistas y **así mismo** los de los trabajadores sin empleo*. Embora a *Real Academia* de la lengua española registre como equivalentes as formas ***así mismo*** e ***asimismo***, segundo o uso geral usa-se ***así mismo*** com o sentido de *del mismo modo* e ***asimismo*** com o sentido de *también*.

Bien é *advérbio de modo*: *El mundo está **bien** hecho, Lorenzo canta **bien***. Seu *comparativo de superioridad* é **mejor**: *Alberto canta **mejor** que Lorenzo, Mi padre está ahora **mejor** que nunca*. Seu *superlativo relativo* é ***lo mejor***: *Lo hicimos **lo mejor** que pudimos*. O *superlativo absoluto* é ***muy bien***, ainda que haja o culto ***optimante***, que só se usa na língua escrita e com pouca frequência.

Bien pode ser também *advérbio de cantidad* com o sentido de *mucho* (ou *muy*) com valor enfático: *Sale con un chico **bien** guapo, Es una chica **bien** simpática*. Não é usado nas formas *comparativa* e *superlativa* com este sentido.

Bien pode ser nome masculino: *A veces, es difícil distinguir **el bien** del mal, Lo hice todo por **el bien** de mis hijos*.

Também é usado como *adjetivo* invariável: *Es de una **familia bien** de Buenos Aires, **La gente bien** no viene por este barrio*.

Também pode aparecer como *conjunción distributiva* com aspecto de *conjunción disyuntiva*: ***Bien** por mis amigos, **bien** por los *periódicos me mantengo al tanto de las noticias de allá*; *No te preocupes que **bien** por la mañana, **bien** por la tarde paso por tu casa.*

Si bien e **bien que** são *conjunciones* de sentido *concesivo*, ou seja, com valor de *aunque*: *Elegí esta carrera por vocación, **si bien** había otras que también me gustaban*; *No tuve más remedio que hacerlo, **bien que** no estuviera muy convencido de obtener un resultado satisfactorio.*

Tener a bien tem o sentido de *considerar conveniente*: *El señor Ministro **tuvo a bien** elegirme para este cargo y yo le estoy muy agradecido.*

Mal é *adverbio* que significa *de mala manera* o *difícilmente*: *Este trabajo está **mal** acabado*; *He dormido **mal***; *Se sintió **mal** y tuvimos que llevarlo al médico*; ***Mal** has podido verme el domingo en el cine, porque hace dos meses que no voy*; *Si no hablas más alto, **mal** voy a poder entender lo que me dices.*

Esse *adverbio* tem uma forma comparativa especial que é **peor**: *Este trabajo está **peor** hecho que el mío, Anoche estaba mal y de madrugada empezó a sentirse **peor**.*

A forma *superlativa relativa*, que não é usada com muita frequência, é **lo peor**: *Se portó con ella **lo peor** que pudo*; o superlativo absoluto mais comum é **malísimamente**: *Esta cinta está **malísimamente** grabada, Nos trataron **malísimamente***; porém há outra forma mais culta, **pésimamente**, que é usada para dar mais ênfase: *Este aparato funciona **pésimamente**, La historia está **pésimamente** contada.*

Mal que é uma *locución conjuntiva* que equivale a *aunque* e é usado quase exclusivamente com o verbo *pesar* e um *complemento indirecto*: ***Mal que** nos pese el nuevo Gobierno va a congelar los salarios.*

Mal que bien (às vezes pode aparecer *bien que mal*, e em alguns países da América *mal que mal*) é uma *locución adverbial* que tem o sentido de *bien o mal*: **Bien que mal** *va logrando sacar adelante a sus hijos.*

Não devemos confundir o *adverbio* **mal** com a forma apocopada do *adjetivo* **malo**, que como *adjetivo* sempre estará acompanhando um nome: *Ese tipo es un* **mal** *bicho* (ou *un bicho malo*), *Este gobierno es un* **mal** *administrador* (ou *un administrador malo*).

Mal também pode ser um nome masculino: *No hay* **mal** *que por bien no venga*; *No hay* **mal** *que cien años dure*; *Si un día, para mi* **mal**, */ viene a buscarme la Parca, / empujad al mar mi barca / con un levante otoñal / y dejad que el temporal / azote sus alas blancas* (J. M. Serrat).

Algumas particularidades dos *adverbios de intensidad*

Medio significa *no completamente*: *Espabílate, que estás* **medio** *dormido*, *Le presté unas zapatillas y me las devolvió* **medio** *rotas*, *Fíjate la hora que es y Carlos aún está* **medio** *desnudo, no vamos a llegar al teatro.*

Pode também ser nome masculino: *Aquel negociejo es su único* **medio** *de vida*. E também pode ser *adjetivo*: *Se bebió* **medio** *litro de vino y* **media** *botella de sidra.*

En medio é uma *locución adverbial* que significa *en un lugar equidistante de dos extremos* ou *en el centro de algo*; normalmente é usada com um *complemento* com *de*: *Había una tabernita* **en medio del** *camino que tenía un vino riquísimo*, *Se plantó* **en medio de** *la plaza desafiando a todo el mundo.*

Por medio, ou **por el medio**, é *locución adverbial* com o sentido de *por el centro*; o uso mais frequente da língua atual é **por en medio**: *Cruzó* **por en medio** *de los coches exponiéndose a ser atro-*

pellado. A expressão **por medio de** tem o sentido de *por mediación de*: *Consiguió un buen empleo **por medio** de su cuñada*.

Algo, poco, todo, mucho funcionam como *indefinidos* (ver o apêndice correspondente).

Mucho quando sofre apócope transforma-se em *muy*, que é usado antes de outro *adverbio* ou de um *adjetivo*: *Declinó la invitación **muy** cortésmente, Anoche llegasteis **muy** pronto, Ese vestido te está **muy** largo, Fue una fiesta **muy** divertida*; o mesmo ocorre quando está diante de qualquer palavra ou grupo de palavras que desempenhem a função de *adverbio* ou de *adjetivo*: *Aquí hay un niño **muy** hombre*; *Mercedes siempre va **muy** a su aire*; *Miguel es más paciente, yo en cambio soy **muy** de o lo tomas o lo dejas*. Não se produz apócope quando precede *mayor, menor, mejor, peor, más, menos, antes, después*: *Tu jardín es **mucho más** bonito que este, Hoy me encuentro **mucho mejor**.*

Tanto tem também sua forma apocopada ***tan***, que é pronunciada de forma átona e que é usada nos mesmos casos e com as mesmas exceções que *muy*: *No sé para qué queréis llegar **tan** pronto, Lo hace todo **tan** discretamente que nadie se da cuenta, Lo vimos **tan** de cerca que parecía que nos iba a tragar, Vive **tanto mejor** allí que no quiere regresar.*

O *adverbio **solo*** terá acento (***sólo***) quando puder ser confundido com o *adjetivo **solo*** (= *sin compañía, único*) e produzir ambiguidade no significado da mensagem: *No dejes de ir a verlo porque está **solo** hoy en el despacho* (*está sin compañía*) / *No dejes de ir a verlo porque está **sólo** hoy en el despacho* (*está únicamente hoy, mañana ya no estará*). De fato, é muito rara a incidência de ambiguidade, visto que o contexto a resolve em praticamente todos os casos.

Algumas particularidades dos *adverbios de afirmación*

Sí pode ser usado como enunciado completo em respostas. A pergunta *¿Has visto a José Luis?* pode ser respondida com *Sí* (abreviação de *sí, lo he visto*). O mesmo ocorre com o estilo indireto: *Le pregunté si había visto a José Luis y me dijo que sí* (ou seja: *dijo que sí lo había visto*).

Sí pode ser usado com a particula *que* para intensificar a afirmação: *Yo sí que te quiero*, *Ese sí que es un marido cariñoso*.

Algumas particularidades dos *adverbios de negación*

O que foi dito sobre o funcionamento de *sí* em respostas afirmativas serve também para *no* em respostas negativas: *¿Has encontrado el papel que buscabas? No*; *Le pregunté si había encontrado el papel que buscaba y me dijo que no*.

No entanto, *no* deve sempre ser explícito para indicar o sentido negativo da frase, enquanto *sí* só aparece em algumas respostas, porque a oração é afirmativa sempre que não apresente sinais explícitos de negação. Em uma oração como *Está lloviendo mucho esta temporada*, não é necessário o *adverbio afirmativo*, porém o *adverbio negativo* seria indispensável se quiséssemos expressar o contrário (*No está lloviendo mucho esta temporada*). O *adverbio sí* só aparece explícito na oração isolado por pausas ou separado delas através de outros recursos: *Nos hace falta, sí, un buen administrador que ponga un poco de orden por aquí*; *Tú, sí, tú has sido el causante de todo este embrollo*; *Te quiero, sí, más que a nadie en el mundo*; nestes exemplos o *adverbio sí* aparece para enfatizar a afirmação, e não por ser imprescindível.

O *adverbio apenas* pode aparecer como *adverbio de negación* com o sentido de *"casi no"*: *Apenas he comido hoy, no tenía apetito*; *Ayer estuvo por aquí Víctor, pero apenas tuve tiempo de verlo*.

Apenas também pode ser *adverbio de intensidad* com o sentido de *"tan solo"*: *Tengo **apenas** tres o cuatro mil pesetas para llegar a fin de mes, Viví en Toledo **apenas** el tiempo suficiente para conocer por encima su pasado histórico.*

Também pode aparecer como *adverbio de tiempo* com o sentido de *"inmediatamente antes"*.

E ainda pode ser usado como *conjunción temporal* com o sentido de *"tan pronto como"*: ***Apenas** os fuisteis, llegaron ellos, **Apenas** leyó la carta, se puso a dar saltos de alegría.*

Na língua literária, usa-se com muita frequência a locução ***apenas si*** como *adverbio de negación* ou de *intensidad*: ***Apenas si** se conocían, Se vieron en la recepción de la embajada y **apenas si** se saludaron.*

Algumas particularidades dos <u>*adverbios de duda*</u>

Quizá (pode aparecer também como ***quizás***) aparece antes ou depois de um verbo no *indicativo*, mas é mais frequente que apareça antes de um verbo no *subjuntivo*: *Son las doce, **quizá es** tarde para llamar a Guillermo*; ***Quizá** no **sea** prudente llamar a estas horas*; *Las vacaciones **quizá** las **pasemos** en México.*

A lo mejor é uma locução adverbial equivalente a ***tal vez*** e a ***quizá***, mas difere delas porque só pode acompanhar verbo no *indicativo*: ***A lo mejor vienen** hoy mis primos, **A lo mejor vamos** al cine esta tarde* (frente a ***Quizá vengan** hoy mis primos, **Tal vez vengan** hoy mis primos, **Quizá vayamos** hoy al cine, **Tal vez vayamos** hoy al cine).*

Algumas particularidades dos <u>*adverbios de relación*</u> com o já mencionado

También só pode ser usado com sentido afirmativo: *A mí tam-*

bién me gustaría pasar unas vacaciones en Cuba; **También** *han venido mis primos.*

O *adverbio de negación* correspondente é **tampoco**, que, consequentemente, só pode ser usado com sentido negativo: *A mí* **tampoco** *me interesa mucho esa película,* Hoy **tampoco** *ha venido el fontanero.*

Pues normalmente se isola do resto da frase por meio de breves pausas, que na escrita são marcadas com vírgulas; pode aparecer intercalado na frase ou depois dela, mas nunca no começo absoluto da oração: *Tú sabes hacerlo mejor, hazlo,* **pues***, y no critiques tanto*; *Te empeñaste en hacerlo a tu manera,* **pues** *ahora no te quejes del resultado.*
Pues bien é uma *locución adverbial* que se usa da mesma forma que **pues**: *Querías pasar el verano en la playa,* **pues bien***, ya lo has conseguido.*
Pues pode ser *conjunción*: *No hemos hecho aún el informe,* **pues** *nos faltaban algunos datos.*

<u>Grau do *adverbio*</u>

Os *adverbios*, como vimos ao tratar do grau dos *adjetivos*, admitem modificações para indicar grau *comparativo* (*Hoy has llegado tan tarde como ayer, más tarde que ayer, menos tarde que ayer*) e *superlativo* (*Hoy has llegado muy tarde, tardísimo, Hoy es el día que más tarde has llegado*).

Alguns *adverbios* também têm formas especiais para expressar grau, herdadas do latim, como no caso dos *adjetivos*: *A pesar de su edad, se encuentra* **mejor** (comparativo de *bien*) *que nunca de salud*; *Hoy se han portado* **peor** (comparativo de *mal*) *que ayer*.

No uso coloquial aparecem formas do *superlativo* como **super bien** (= *muy bien*), **fatal** (= *muy mal*).

Los adverbios/Os advérbios

Em contraste com o português

- Já vimos que o *adverbio* **mucho** sofre apócope (*muy*) quando aparece antes de outro *adverbio* ou de um *adjetivo*: *muy tarde*, *muy bueno*, ou se antecede qualquer palavra ou grupo de palavras com função de *adjetivo*: *Aún es muy de día. Tu ayuda fue muy de agradecer*. Em português não existe esta possibilidade: É **muito** bom, Era **muito** tarde.

- *Más* é colocado no final da frase, enquanto **mais** é colocado imediatamente depois do verbo: Tem **mais** um irmão / *Tiene un hermano más*.

- Ao contrário do espanhol, **demais** aparece sempre depois do adjetivo ou do advérbio a que se refere: *Es demasiado grande* / É grande **demais**, *Era demasiado tarde* / Era tarde **demais**.

- Em espanhol, *bastante* expressa uma quantidade intermediária que está mais próxima de *mucho* que de *poco*. Quando dizemos *Anoche llovió bastante* significa que *no llovió poco* mas *no llegó a ser mucho*. Em português usa-se com o sentido de muito e às vezes de demais: Ontem à noite choveu bastante.

- O português muitas vezes usa **bom** e **mau** no lugar dos advérbios **bem** e **mal**: Você está bem?, Você está bom? / *¿Estás bien?*

- O uso de **mal** com sentido temporal é muito frequente, inclusive no português coloquial, enquanto em espanhol pertence à língua literária: Mal apareceram os pais da menina, o garoto foi embora sem dizer palavra / *No bien aparecieron los padres de la muchacha, el chico se marchó sin decir palabra*.

- O mesmo ocorre com o uso de **mal** para o sentido de *"casi no"*: **Mal** consegue alimentar os seus filhos / ***Apenas** logra alimentar a sus hijos*.

- O espanhol responde afirmativamente a uma pergunta com o *adverbio sí* e não com a repetição do verbo da oração: *–¿Quieres una cervecita? – Sí /* – Você quer uma cervejinha? – Quero.

- O uso da locução adverbial portuguesa **pois não** é impossível em espanhol: — Poderia me ajudar? — Pois não / — *¿Podría ayudarme? — Naturalmente*. Quando nos dirigimos ao empregado de uma loja no Brasil, este pode perfeitamente dizer: *Pois não?*. Mas num país que fala espanhol diria: *¿En qué puedo servirle?* ou *¿Qué desea?* O falante hispano entende **pois não** com valor negativo.

- O *adverbio ya* nem sempre é equivalente ao português **já**; este tem, em algumas construções, o sentido de *en alguna ocasión* que em espanhol ficaria estranho traduzido por *ya*: Você **já** apanhou de seus pais? / *¿Te han pegado **alguna vez** tus padres?*

  Já e *ya* também não são equivalentes em algumas construções de sentido adversativo, que em espanhol devem ser traduzidas por *en cambio* ou *por el contrario*: No ano passado os resultados foram bons, **já** este ano não podemos dizer a mesma coisa / *El año pasado los resultados fueron buenos, **pero** este año no podemos decir lo mismo*.

- *Ahí* em espanhol é somente *adverbio de lugar*, enquanto em português pode ser também temporal: **Aí** ela chegou com o seu jeitinho gostoso de andar / ***Entonces** llegó ella con su deliciosa manera de andar*.

  Em outras construções, **aí** pode ser traduzido para o espanhol como *todo*: É isso aí / *Eso es todo*.

- **Mesmo** tem em português um uso mais amplo que o espanhol *mismo*. *Mismo* só funciona como complemento de outro *adverbio* ou de um complemento de lugar constituído por *nom-*

bre propio em construções como *aquí mismo, ahora mismo, detrás mismo, en Francia mismo* etc. **Mesmo** em outros usos deve ser traduzido para *muy, realmente, verdaderamente*: Depois, é difícil **mesmo** mudar essa ideia / *Después, es muy (verdaderamente, realmente) difícil cambiar esa idea.*

Mesmo que pode ser equivalente a *incluso aunque*: Mesmo que ele tenha chegado, não poderemos fazer nada / *Incluso aunque haya llegado, no podremos hacer nada.*

O uso de *apenas* é mais restrito em espanhol. Há construções nas quais o espanhol prefere outras formas adverbiais: É um problema nacional e não **apenas** do Governo / *Es un problema nacional y no solamente del Gobierno*, Cuidar da educação não significa **apenas** construir escolas / *Cuidar de la educación no significa construir escuelas simplemente*.

O *adverbio de negación tampoco* é muito usado em espanhol, já o português usa **também não**, locução impossível em espanhol.

XX. *La oración gramatical*
(A oração gramatical)

Denominamos *oración gramatical* a palavra ou conjunto de palavras que expressam um pensamento com sentido comum.

É, portanto, a exposição de uma ideia por meio de palavras.

Os elementos essenciais da oração são: *sujeto* (sujeito) e *predicado* (predicado).

Sujeto é a pessoa, animal ou coisa sobre quem se diz algo. *Predicado* é o que se diz do *sujeto*.

Há duas classes de *predicados*: *verbal* e *nominal*

Podem ser *predicados*:

— O *verbo*: *El sol calienta. (predicado verbal)*

— O *sustantivo*: *Su padre es labrador. (predicado nominal)*

— O *adjetivo (e participio)*: *El perro está gordo. El coche está parado. (predicado nominal)*

— O *adverbio*: *Mi profesor es rápido. (predicado nominal)*

— *Frase adverbial*: *Contestó a tontas y a locas. (predicado nominal)*

As orações podem ser classificadas em dois grandes blocos:

1. <u>Oraciones simples</u>, que são as orações consideradas isoladamente e que só têm um *sujeto* e um *predicado*.

2. <u>Oraciones compuestas</u>, as que formam períodos ou dependem umas das outras porque têm vários *sujetos* e vários *predicados*.

La oración gramatical/A oração gramatical

1. ORACIONES SIMPLES

Podemos classificá-las em dois grupos:

A. *Las oraciones de verbo copulativo*: São as construídas com os verbos *ser, estar, parecer* e outros que unem o *sujeto* e o *predicado* nominal (também pode ser um *adjetivo* ou *participio* que concorde com o *sujeto*).
São formadas por *sujeto*, *verbo* e *predicado nominal*. O *predicado nominal* também é denominado atributo.

El chófer está tranquilo.

Outros verbos que se comportam como *copulativos* são: *andar, dormir, llegar, ir, venir* etc.

Aquel chico andaba enamorado.

Podem fazer parte do *predicado nominal* ou *atributo*:

— Um *sustantivo*: *Antonio es ingeniero.*
— Um *adjetivo*: *Los libros están nuevos.*
— Um *participio*: *El personal estaba conmovido.*
— Um *pronombre*: *Ese abrigo es suyo.*
— Um *verbo*: *Lo importante es ganar.*
— Um *adverbio*: *Esto está bien.*

B. *Las oraciones de verbo atributivo*: Quando o *predicado* é verbal. A esta classe pertencem todas *oraciones* que não são de verbo *copulativo*.

Podemos classificá-las em: *Transitivas*
Intransitivas
De verbo en voz pasiva

Impersonales
Unipersonales
Reflexivas
Recíprocas

1. <u>Oraciones transitivas</u>: São formadas com verbo na *voz activa* e têm *objeto directo*, sobre o qual recai a ação do verbo.

El perro caza conejos.

Como podemos observar, é formada por *sujeto agente* (**El perro**), verbo na *voz activa* (**caza**) e *objeto directo* (**conejos**).

Para saber se a *oración* é *transitiva*, a melhor forma é passar a frase para a *pasiva*, que ficaria assim: *Los conejos son cazados por el perro.*

Pode aparecer como *objeto directo*:

— Um nome sem *preposición*: *La buena comida halaga* **la mesa**.
— Um nome com a *preposición a*: *Antonio invitó* **a Juan**.
— Um *verbo* no *infinitivo*: *Deseo* **nadar**.
— Qualquer uma das partes da *oración* com função de *sustantivo*: *Premiamos* **al ganador**.
— Um *pronombre átono*: *Yo se* **lo** *di*.
— Uma *oración* completa: *Me dijiste que* **el Jardinero había llegado tarde**.
— Um *adverbio pronominalizado*: **Mas** *se perdió en Cuba*.

2. <u>Oraciones intransitivas</u>: São *oraciones* cujo *verbo* está na *voz activa* e não possui *objeto directo*. Têm *sujeto* e *verbo*, que pode ser:
— *Transitivo*: *Escribo sobre el papel.*
— *Intransitivo*: *Roberto entró en su habitación.*

La oración gramatical/A oração gramatical

Os primeiros *verbos* dão lugar a *orações intransitivas* de *verbo transitivo*.
El jardinero riega por las mañanas.

Os segundos constituem *intransitivas*.
Cerré despacio.

NOTA: Os *verbos ser* e *estar* podem ser *intransitivos* quando significam tempo ou lugar.

El partido será mañana
El libro está encima de la mesa.

3. <u>Oraciones en voz pasiva</u>: São aquelas cujo *sujeto* sofre uma ação do *verbo (transitivo)* e aparece exposto na forma *pasiva*.

Normalmente são classificadas da seguinte forma: **pasivas de primera**: possuem *sujeto paciente, verbo na pasiva* e *complemento agente*:
Las elecciones fueron ganadas por el partido de la oposición.

E **pasivas de segunda**, que não apresentam *complemento agente*:
Los mineros fueron rescatados ayer.

NOTA: As *oraciones pasivas* podem ser construídas com a partícula *se*; neste caso são chamadas de *pasivas reflejas*:

Se ganó el partido con dificultad.

4. <u>Oraciones impersonales</u>: Geralmente se expressam com o *verbo* na terceira pessoa do plural, sem apresentar *sujeto* (e sem que essa ausência possa ser suprida pelo contexto da frase):

Dicen que habrá elecciones en Mayo.

NOTA: Às vezes podem ser construídas com a partícula *se* e são chamadas *impersonales reflejas*. Neste caso, o verbo não está na terceira pessoa do plural:

Se aplaudió emocionadamente a los vencedores de la dura prueba.

5. <u>Oraciones unipersonales</u>: São um tipo de orações *impersonales* que se expressam com *verbos* de fenômenos atmosféricos (*llover, nevar, helar* etc.) e que se usam na terceira pessoa do singular ou no *infinitivo*.

NOTA: Esses *verbos* podem ser usados metaforicamente com *sujeto* e as *oraciones* podem ser *transitivas, intransitivas* ou *reflexivas*:

Amanecimos en Rio de Janeiro, Se le heló la sangre en las venas.

Podemos classificá-las em:

- *Propias*: Aquelas construídas com *verbos* de fenômenos atmosféricos:
  Nevaba en lo alto de la montaña.

- *Impropias*: Aquelas que se formam com *verbos* que não são *unipersonales* mas que tomam esse caráter no contexto da frase (*hacer, haber, parecer, ser, pesar, bastar* etc.):
  Era de noche. Parece que estaba ausente.

6. <u>Oraciones reflexivas</u>: São aquelas cujo *sujeto* realiza a ação do *verbo* e sofre sua consequência direta ou indiretamente.

Nessas *oraciones* há um *pronombre átono* (*me, te, se, nos, os*) relacionado com o *sujeto*.

Yo me peino, tú te lavas, él se viste, nosotros nos aseamos, vosotros os adecentáis, ellos se calzan.

7. <u>*Oraciones recíprocas*</u>: São *oraciones* similares às *reflexivas*, com *sujeto* múltiplo, com a ação do *verbo* recaindo reciprocamente sobre os *sujetos* participantes da ação. Sempre com *verbo transitivo pronominal*.

Los primos se saludaron en la calle.

Padre e hijo se abrazaron efusivamente.

As *oraciones* serão *directas* ou *indirectas* se o *pronombre* exercer a função de *objeto directo* ou *indirecto*.

Los jugadores se insultaron delante del árbitro. (*Se é objeto directo.*)

Los empleados se entregaron regalos.(*Regalos é objeto directo, se é objeto indirecto*).

Para não as confundir com as *oraciones reflexivas*, deve ser possível colocar *"mutuamente";* caso contrário, daria lugar a ambiguidades, como no exemplo:

Los niños se pusieron los abrigos.

Pode ser *unos a otros*, ou seja, *mutuamente (recíproca)*, ou *cada uno el suyo (reflexiva)*.

NOTAS:
1. Às vezes o *sujeto* está no singular e existe reciprocidade:
   Me escribo con Paloma.
2. Às vezes a reciprocidade se expressa sem *verbo pronominal*:
   Un ciclista y un motorista chocaron en el cruce.
3. Pode haver *verbos intransitvos* que construam frases *recíprocas*:
   El perro y el gato se pelean.
4. Existem alguns *verbos recíprocos propios*, o que deixa implícita a *oración recíproca*:
   Esos jugadores se compenetran muy bien en el campo.

2. <u>ORACIONES COMPUESTAS</u>

Formamos as *oraciones compuestas* quando usamos mais de um *sujeto* ou mais de um *predicado* para expressar um pensamento.

Podemos classificá-las em dois grandes grupos:

A. <u>Coordinadas</u>: Cada *oración* integrante da *compuesta* é autônoma e independente.
B. <u>Subordinadas</u>: Quando uma delas depende da *principal*. Esta é chamada de *oración subordinada* ou *proposición*.

O conjunto de *oraciones* que formam uma unidade superior com sentido gramatical chama-se *período*.

A. <u>Oraciones coordinadas</u>

São as *oraciones* unidas por *conjunciones (coordinación)* ou sem elas *(yuxtaposición)*.

Unos obreros trabajaban y otros tomaban su bacadillo.
(coordinación)

Aquella mujer era hermosa, su marido la adoraba.
(yuxtaposición)

La oración gramatical/A oração gramatical

Assim, as *conjunciones* (já expostas em seu respectivo capítulo) podem ser classificadas em:

copulativas   *causales*
disyuntivas   *consecutivas*
adversativas

1. Oraciones coordinadas copulativas

Sua união realiza-se mediante as *conjunciones copulativas*: *y, e, ni, que*.

El tío se fue al campo y el sobrino a la playa.

Ao se substituir a *conjunción* pela *coma* (vírgula), ocorre a *yuxtaposición*.

El juez de línea indicó la falta, el árbitro la pitó.

2. Oraciones coordinadas disyuntivas

Normalmente se unem pela *conjunción o*, que pode se transformar em *u* quando a palavra seguinte começa com *o* ou *ho*.

Também podem ser unidas pelas *conjunciones*: *ya, bien, sea, ora*.

Andrés ¿nadó o corrió?

3. Oraciones coordinadas adversativas

Sua união se dá mediante as *conjunciones*: *mas, pero, empero, aunque, sino, sin embargo, siquiera*.

Lo intenta pero no lo consigue.

Existem *adverbios* como *ahora, ahora bien, antes, antes bien, excepto, aun cuando, salvo, menos* etc. e expressões como *sin embargo, no obstante, fuera de, a pesar de, más que...* que se usam como *adversativas*.

Vinieron tristes aunque ganaron el partido.
Estaba nevando, no obstante, llegó puntual.

4. <u>Oraciones coordinadas causales</u>

Unidas pelas *conjunciones* ou *formas conjuntivas causales que, pues, pues que, porque, puesto que, supuesto que, ya que*.

Iré en tu coche pues me encantan los coches nuevos.

O *adverbio cuando* pode ter significado de *conjunción causal*, como no exemplo:

Algo harías cuando te castigaron.

5. <u>Oraciones coordinadas consecutivas</u>

Sua união se dá mediante *conjunciones* ou *adverbios* tais como: *luego, pues, conque, así, por tanto, ahora bien, por consiguiente, así es que* etc.

Lo prometí, por lo tanto cumpliré mi palabra.

Também se expressam por *yuxtaposición*:

Has llegado tarde, no comerás pastel.

B. <u>Oraciones subordinadas</u>

São aquelas que têm a função de um *adjetivo*, um *sustantivo* ou um *adverbio* ou *complemento circunstacial* na *oración principal*.

Podemos classificá-las em:

1. *Adjetivas* ou de *relativo*: Quando explicam ou determinam um *nombre* ou *pronombre* da *principal*.

La oración gramatical/A oração gramatical

2. *Sustantivas*: Se desempenham a mesma função que um *sustantivo* na *oración simple*.
3. *Adverbiales*: Se determinam ou modificam o significado do *verbo* na *oración principal*, da mesma forma que um *adverbio*.

1. Oraciones adjetivas ou de relativo

Realizam a mesma função que um *adjetivo* nas *simples*. Unem-se através dos *pronombres relativos*: *que, cual, quien, cuyo*. Às vezes unem-se através de *cuanto* ou *cuanta*.

El hombre que trabaja siempre tendrá dinero.
Equivale a: *El hombre trabajador siempre tendrá dinero.*

O *antecedente* é o *nombre* ao qual o *pronombre relativo* se refere.

O *pronombre relativo* pode desempenhar a função de:

— *Sujeto*: *El hombre que (sujeto) trabaja siempre tendrá dinero.*

— *Objeto directo*: *Cada alumno expone al final del mes el tema que (objeto directo) estudia.*

— *Objeto indirecto*: *El jugador a quien (objeto indirecto) entregaron el trofeo era el mejor del equipo.*

— *Complemento circunstancial*: *La bicicleta con la que (complemento circunstancial) corro es de mi primo.*

— *Complemento de nombre*: *Trajeron tres cuadros, de los cuales (complemento circunstancial) regalé uno.*

2. Oraciones sustantivas

Realizam, nas *compuestas*, a mesma função que um *sustantivo* nas *simples*.

Pode desempenhar a função de *sujeto* e se chamará *subjetiva*, ou *de objeto directo, objeto indirecto, complemento circunstancial* ou *complemento de nombre* e se chamará *objetiva*.

Subjetiva: *Fue una pena que no pudieras venir a mi cumpleaños.* *("Que no pudieras venir a mi cumpleaños"* é *sujeto* de *"Fue triste".)*

Objetiva: De *objeto directo*: *Explícame qué haré mañana. (Qué haré mañana* é *objeto directo.)*

De *objeto indirecto*: *Me avisaron para que fuera a tu casa. (Para que fuera a tu casa* é *objeto indirecto.*)

De *complemento circunstancial*: *Le suspendieron porque hizo muy mal el examen. (Porque hizo muy mal el examen* é *complemento circunstancial.*)

De *complemento de nombre*: *Tengo la intencion de pasar las vacaciones en el Norte.*

De *complemento de adjetivo*: *Estoy alegre, alegre de que no sea cierto.* (P. Neruda)

3. *Oraciones adverbiales*

São as que determinam ou modificam a *oración principal* mediante um *adverbio* ou *locución adverbial*.

Podemos classificá-las em:

de lugar   *consecutivas*
temporales   *condicionales*
de modo   *concesivas*
comparativas

La oración gramatical/A oração gramatical

1. *Oraciones adverbiales de lugar*

São construídas com o *adverbio **donde***:

Las montañas por donde pasé estaban llenas de flores.

2. *Oraciones adverbiales temporales*

São construídas com as *conjunciones temporales **cuando**, **cuanto**, **como**, **que***.

Cuando el río suena, agua lleva.

3. *Oraciones adverbiales de modo*

Podem ser construídas com o *relativo **como***, com a *locución **según que*** ou com a *preposición **según***.

Lo hizo como le indicó el profesor.

4. *Oraciones adverbiales comparativas*

Podem ser de *modo* ou de *cantidad*. São construídas com os *adverbios como, así, tal, cual, tanto* ou *cuanto*.

Tal como te portes así será la recompensa.
Tiene tantos libros como necesita.

5. *Oraciones adverbiales consecutivas*

Estão unidas por ***que***, que se refere a *tanto, tan, tal, así, de modo, de manera*.

Tanto insistió, que al final convenció a todos.

6. *Oraciones adverbiales condicionales*

Formam-se com a *conjunción **si*** e, outras vezes, com as *locuciones siempre que, con tal que, ya que* etc.

Si tienes miedo, guarda silencio.

7. <u>Oraciones adverbiales concesivas</u>

São construídas com *aunque, si, que, así, puesto que, dado que, por más que, aun cuando, mas que* etc.

Aunque no quieras, tienes que estudiar.

XXI. *Refranes*
(Provérbios)

1) *A buen entendedor, pocas palabras bastan.*
   A bom entendedor meia palavra basta.

2) *A falta de pan, buenas son tortas.*
   Quem não tem cão caça com gato.

3) *De tal palo tal astilla.*
   Tal pai tal filho.

4) *En boca cerrada no entran moscas.*
   Em boca fechada não entra mosca / mosquito.

5) *En casa de herrero, cuchillo de palo.*
   Casa de ferreiro, espeto de pau.

6) *Haz bien y no mires a quien.*
   Faça o bem sem olhar a quem.

7) *Más vale pájaro en mano que ciento volando.*
   Mais vale um pássaro na mão que cem voando.

8) *A quien madruga, Dios le ayuda.*
   Deus ajuda quem cedo madruga.

9) *No hay peor sordo que el que no quiere oír.*
   Não há pior cego do aquele que não quer ver.

10) *Ojos que no ven, corazón que no siente.*
    O que os olhos não veem o coração não sente.

11) *Quien al cielo escupe a su cara le cae.*
    Não cuspa para cima que lhe vem na cara.

12) *Una golondrina no hace verano.*
Uma andorinha só não faz verão.

13) *A rey muerto, rey puesto.*
Rei morto, rei posto.

14) *Cada loco con su tema.*
Cada louco com a sua mania.

15) *De noche todos los gatos son pardos.*
À noite todos os gatos são pardos.

16) *Donde una puerta se cierra, otra se abre.*
Fecha-se uma porta, abre-se um portão.

17) *El comer y el rascar todo es empezar.*
Comer e coçar é só começar.

18) *Gato escaldado, del agua fría huye.*
Gato escaldado tem medo de água fria.

19) *Más vale tarde que nunca.*
Antes tarde do que nunca.

20) *No se puede decir de esa agua no beberé.*
Nunca diga desta água não beberei.

21) *No es oro todo lo que reluce.*
Nem tudo o que reluz é ouro.

22) *El hábito no hace al monge.*
O hábito não faz o monge.

Refranes/Provérbios

23) *Perro ladrador poco mordedor.*
    Cachorro que late não morde.

24) *Las palabras se las lleva el viento.*
    Palavras, leva-as o vento.

25) *Quien canta, sus males espanta.*
    Quem canta seus males espanta.

26) *Amor con amor se paga.*
    Amor com amor se paga.

27) *Aguas pasadas no mueven molino.*
    Águas passadas não movem moinho.

28) *Como anillo al dedo.*
    Como uma luva.

29) *Ahogarse en un vaso de agua.*
    Fazer uma tempestade num copo d'água.

30) *Hierba mala nunca muere.*
    Vaso ruim não quebra.

31) *Por un oído le entra y por el otro le sale.*
    Entra por um ouvido e sai pelo outro.

32) *Dos no pelean, si uno no quiere.*
    Quando um não quer, dois não brigam.

33) *Dinero llama a dinero.*
    Dinheiro chama dinheiro.

34) *Sobre gustos no hay nada escrito.*
   Gosto não se discute.

35) *De buenas intenciones está lleno el infierno.*
   De boas intenções o inferno está cheio.

36) *Todos los caminos llevan a Roma.*
   Todos os caminhos conduzem a Roma.

37) *Matar dos pájaros de un tiro.*
   Matar dois coelhos com uma cajadada.

38) *Cada uno se rasca donde le pica.*
   Cada um sabe onde lhe aperta o calo.

39) *Poco a poco hila la vieja el copo.*
   De grão em grão a galinha enche o papo.

40) *Lo cortés no quita lo valiente.*
   A cortesia não invalida a valentia.

41) *Quien a hierro mata a hierro muere.*
   Quem a ferro fere a ferro será ferido.

42) *Vísteme despacio que tengo prisa.*
   Quem tem pressa come cru.

43) *Coge fama y échate a dormir.*
   Faça a fama e deite na cama.

44) *De mal en peor.*
   De mal a pior.

Refranes/Provérbios

45) *Echar lágrimas de sangre.*
    Chorar lágrimas de sangue.

46) *Quien hurta al ladrón cien días gana de perdón.*
    Ladrão que rouba ladrão tem cem anos de perdão.

47) *Quien siembra espinas, abrojos coge.*
    Quem semeia ventos colhe tempestades.

48) *Cada mochuelo en su olivo.*
    Cada macaco no seu galho.

49) *A quien no teme, nada le espanta.*
    Quem não deve não teme.

50) *Quien no te conozca que te compre.*
    Quem não te conhece que te compre.

ÍNDICE REMISIVO
(ÍNDICE REMISSIVO)

A

a, 14
a, 246, 252
a fin de que, 260
a gente, 143, 144
a la que, 148
a lo mejor, 279
a pesar de, 262
abajo, 265, 268
absoluto, 84
abstractos, 52, 54
abstratos, 49
acá, 265, 266
accidentes gramaticales, 162
acción, 98
acento(s) ortográfico(s), 22, 25, 79
adelante, 265, 268, 269
adentro, 265, 269, 270
adjetivación, 88
adjetivas ou de relativo, 293
adjetivo calificativo invariable, 273
adjetivo de grau positivo, 84
adjetivo numeral, 71
adjetivo(s), 53, 60, 76-90, 92, 94, 100, 101, 102, 128, 130, 134, 136, 141, 145, 146, 148, 150, 151, 152, 155, 158, 264, 277, 284, 285, 292, 293
adjetivo(s) calificativo(s), 80, 82
adjetivos ordinales, 130
adjetivos partitivos, 134

adjetivos posesivos, 111
adjuntos, 76, 105, 264
adjuntos (complementos), 92
adjuntos del sustantivo, 68
admiración, 13
adonde, 23
adónde, 153, 156
adverbiales, 294
adverbiales comparativas, 295
adverbiales concesivas, 296
adverbiales condicionales, 295
adverbiales consecutivas, 295
adverbiales de lugar, 295
adverbiales de modo, 295
adverbiales temporales, 295
adverbialización con -mente, 266
adverbialización del adjetivo, 266
adverbio afirmativo, 278
adverbio interrogativo, 152
adverbio pronominalizado, 286
adverbio(s), 24, 86, 94, 95, 102, 136, 141, 146, 148, 150, 152, 155, 156, 264-283, 284, 285, 291, 292, 293, 294
adverbios de afirmación, 265, 278
adverbios de cantidad, 81
adverbios de duda, 266, 279
adverbios de intensidad, 265, 276-277, 279
adverbios de lugar, 53, 265, 266-271

adverbios de modo, 265, 273-276
adverbios de negación, 266, 278-279, 280, 283
adverbios de relación com o já mencionado, 266, 279, 280
adverbios de tiempo, 261, 265, 271-272, 279
adverbios demostrativos, 265
adversativas, 260, 261, 291
afirmación, 265
afixos, 93
afuera, 265, 270
ahí, 265, 266, 282
ahora, 265, 271
ahora bien, 271
ahora mismo, 283
al, 74, 253
alfabeto, 14
algo, 136, 137, 138, 265, 277
alguien, 136, 138
alguno/a/os/as, 80, 136, 137, 138
allá, 265, 266
allí, 265, 266
alrededor, 265, 270, 271
amar, 183-185
ambos, 132, 134, 135
ante, 245, 246
Antecopretérito, 167, 170
Antefuturo, 167, 171
Antepospretérito, 167, 171
Antepresente, 167, 169, 172, 241, 242
Antepresente de Subjuntivo, 243
Antepretérito, 167, 170, 172, 241
antes, 265, 271
apenas, 265, 278, 281, 283

apócope, 89, 132, 140, 156, 158
apócope dos adjetivos, 80-82
apreciativo(s), 94-97
aquel, aquellos, aquella, aquellas, aquello, 24, 128
aquí, 265, 266
archi-, 85
arriba, 265, 267, 268
artículo determinado, 147
artículo e adjetivos, 56
artículo neutro lo, 88
artículo(s), 60, 69-75, 76, 78, 85, 138-139, 141, 145, 151, 152, 153, 156, 158, 160
artículo(s) definido(s), 64, 68, 69-72, 111, 139
artículo(s) indefinido(s), 68, 69-71, 72
así, 265, 273
así así, 273
así como, 273
así mismo, 274
así pues, 274
así que, 262, 273
aspecto, 173
átona(s), 124, 158
atrás, 265, 269
atributo, 88, 90, 159, 160, 285
aumentativo(s), 95, 102, 104, 264
aun, 23
aún, 22, 265, 272
aunque, 296

B

b, 14, 37
bajo, 245, 246, 254
base primária, 93
base(s), 91, 93
bastante, 137, 141, 143
bendecir, 233-235
bien, 265, 274
bien que, 275
bien que mal, 276

C

c, 14, 47
cabe, 245
caber, 231-233
cacofonia, 103
cada, 136, 139
cada cual, 136, 140
cada quien, 140
cada uno, 136, 140
calificativo(s), 76, 77, 78, 82
cantidad, 295
causales, 259, 291
cerca, 265, 270
ch, 15
cien, 132
ciento, 132
clases de adjetivos, 76
clases de sufixos, 94
clases de sufixos apreciativos, 94
clases de sustantivos, 50
colectivos, 63
colocação do *adjetivo*, 87
colocação do *artículo*, 69
coma, 13, 291
comillas, 13

como, 23, 149, 261, 273, 295
cómo, 150, 152, 153, 156
cómo no, 153
comparativas, 260, 294, 295
comparativo de superioridad, 274
comparativo(s), 79, 82, 83, 85, 89, 280
complemento agente, 287
complemento circunstancial, 292, 293, 294
complemento de adjetivo, 294
complemento de nombre, 293, 294
complemento directo, 117, 119, 120, 121, 145
complemento indirecto, 117, 119, 120
complemento(s), 56, 92, 162, 174
complementos del sustantivo, 76
compostos, 166
compuestas, 293
comunes, 54
con, 245, 247, 254
con objeto de, 260
concesivas, 260, 262, 294, 296
concordância, 63
concordância entre o plural e o gênero, 63
concretos, 49, 52, 54
Condicional, 163, 171, 177
Condicional Perfecto, 171
condicionales, 242, 260, 261, 294
conjugação regular, 174-198
conjugaciones, 162
conjunción causal, 292
conjunción condicional, 111
conjunción distributiva, 274
conjunción disyuntiva, 274

conjunción temporal, 279
conjunción(es), 145, 152, **259-262**, 280, 290
conjunciones copulativas, 291
conjunciones de coordinación, 259
conjunciones de subordinación, 260
conjuntivas causales, 292
conmigo, 113, 117
consecutivas, 260, 291, 294
consigo, 114, 117
construcción pronominal media, 123
construções pronominais, 120
construções pronominais passivas, 124
contables e *no contables*, 62
contables o numerables, 62
contigo, 117
contra, 245, 247, 255
contracciones, 71
contrações, 74
coordinación, 259, 290
coordinadas, 290
coordinadas adversativas, 291
coordinadas causales, 292
coordinadas consecutivas, 292
coordinadas disyuntivas, 291
Copretérito, 162, 169, 175, 190
Copretérito de Indicativo, 178
copulativas, 259, 261, 291
copulativo(s), 173, 285
corchetes, 13
cortesía, 125
cual, 23
cuál/cuales, 23, 150, 151, 152, 154, 155, 156

cualidad, 97
cualquier, 140
cualquiera/cualesquiera, 137, 140, 143
cualquiera que e *cualesquiera que*, 140
cuán(to), 155
cuando, 23, 148
cuándo, 150, 152, 156
cuantitativos, 137
cuanto/a/os/as, 23, 147
cuánto/a/os/as, 150, 152, 155, 156, 157
cuyo, 148, 151

D

d, 15, 34
de, 23, 83, 245, 247, 255
dé, 22
debajo, 265, 267
declinação do *pronombre personal*, 113
definidos, 68, 69-72
del, 74, 252
delante, 265, 269
demais, 281
demás, 137, 139
demasiado, 265, 266, 281
demasiado/a/os/as, 141
demonstrativo(s), 74, 128, 139
demostrativos, 77, 105, 265
dentro, 265, 269, 270
derivados verbales, 168, 177
desde, 245, 248, 255
desde luego, 265
desiderativo, 172

desinência, 53
despectivos, 95, 104
después, 265, 271
destinatário, 111
determinantes (adjuntos), 105
determinativos, 76, 77, 78, 82
detrás, 265
detrás mismo, 283
diéresis, 13
diferente/es, 137
diminutivo(s), 79, 95, 101-102, 103, 264
diminutivos dos *nombres propios*, 103
discernir, 203-204
distributiva, 274
disyuntiva(s), 259, 274, 291
ditongo tônico, 103
ditongos, 24, 35
diverso/a/os/as, 137
donde, 23, 148, 295
dónde, 150, 152, 153, 156
dormir, 210-212, 237
dos puntos, 13
dubitativo, 172
duda, 266
durante, 247
durativos, 173

E

e, 15
él, 22, 23
el cual, 146, 147, 148
elementos de la palabra, 91
ello, 111, 113, 125
emissor, 164

en, 245, 248, 256
en cambio, 282
en cuanto, 262
en lo que, 148
en medio, 276
encima, 265, 267
enclítico, 119, 126
enclíticos ao infinitivo ou ao gerúndio, 120
entre, 117, 245, 248
epicenos, 54
esdrújulas, 22
ese, esos, esa, esas, eso, 24, 128
especificativa(s), 145, 146
estar, 124, 173, 177, 189, 190-192, 285, 287
este, estes, esta, estas, esto, estos, 24, 128
excepto, 245
exclamativas, 88, 90, 156
exclamativos, 151, 155, 265, 266
explicativa(s), 145, 146
extra-, 85

F

f, 15
falante, 111-112
falante/emissor (primeira pessoa), 105
fatal, 280
feminino(s), 54-59, 69, 79, 80, 81, 82, 112
feminino dos adjetivos, 79
finales, 260
forma sustantiva, 54
formação dos *aumentativos*, 104

formação dos *diminutivos*, 102
formante de género, 92
formante de número, 92
formante de plural, 60
formantes, 91, 92, 93
formas átonas, 118
formas átonas, proclíticas ou enclíticas, 106-110
formas comparativas especiais, 83
formas conjuntivas *causales*, 292
formas masculinas, 112
formas não pessoais, 168
formas verbais, 24
formas verbais não acentuadas, 24-25
frases hechas, 81
fuera, 265, 270
Futuro, 163, 166, 167, 170, 177
Futuro de cortesía, 170
Futuro de exigencia, 170
Futuro de Indicativo, 163
Futuro de obligación, 170
Futuro de probabilidade, 170
Futuro de Subjuntivo, 177, 242, 243
Futuro Perfecto, 171

G

g, 15, 41, 164
gênero, 56, 57, 58, 59, 63, 69, 92
gênero dos *adjetivos*, 78-80
gênero dos *nombres*, 92
gênero dos *pronombres personales*, 112
gênero dos *sustantivos*, 53
gênero feminino, 91
gênero neutro, 125

gênero neutro: ello, 113
Gerundio, 120, 126, 166, 168, 195, 198
grau(s), 82-86
grau do *adjetivo calificativo*, 82
grau do *adverbio*, 280
grau dos *adjetivos*, 280
grupo de referência, 112
grupo misto, 112

H

h, 16, 25, 43
haber, 178-180, 255
hacer, 229-231, 238, 256
hacia, 245, 249, 257
hasta, 245, 249
hay, 178
hiato, 24
homônimas, 39
huir, 225-226

I

i, 16, 164
igual/es, 137
igual que, 260
igualdad, 82
Imperativo afirmativo, 126
Imperativo, 119, 120, 163, 165, 166, 167, 172, 173, 176, 195
Imperfecto de Indicativo, 190
imperfeitos do indicativo, 40
impersonales, 124, 286, 287-288
impersonales reflejas, 288
impropias, 263, 288
incluso aunque, 283
incoativo, 122

indefinido(s), 68, 69-72, 75, 77, 80, 136-144
Indicativo, 91, 162, 163, 175
indirecto, 121
inferioridad, 82, 85
Infinitivo, 93, 120, 126, 162, 163, 166, 168, 173, 177, 195
Infinitivo flexionado, 243
instantáneos, 173
intangibles, 49, 51
intensidad, 265, 279
interjección, 263
interjecciones propias e impropias, 263
interlocutor, 111
interrogación, 13
interrogativas indiretas, 153
interrogativo(as), 150, 154, 155, 265, 266
intimidade, 125
intransitivas, 285, 288
intransitivas de verbo transitivo, 287
intransitivo(s), 174, 195, 286
isso, 129

J

j, 16, 164
jamás, 265, 272
jugar, 212-214

K

k, 16

L

l, 17, 114, 120-127
ll, 17, 36
la, 105-127
lavarse, 195-198
le ou *les*, 105-127
lejos, 265, 270
lho, lha, lhos, lhas, 127
llanas, 22
lo/a/os/as, 70, 88, 89, 105-127, 245, 248
locución adverbial, 276, 279, 280, 294
locuciones conjuntivas, 148
locuções adverbiais, 75
locuções preposicionais, 251
luego, 265, 271, 272
lugar, 265, 294

M

m, 17
mais, 281
mal, 265, 275
mal que, 275
mal que bien, 276
mal que mal, 276
malo, 276
mas, 23
más, 22, 265, 281
más o menos, 85
más que, 260
masculino(s), 54-59, 64, 79, 112
masculino plural, 63
me, 105-127
mediante, 245
medias, 124

ÍNDICE REMISIVO/ÍNDICE REMISSIVO

medio, 265, 276
medir, 214-215
mejor, 266
menor, 266
menos que, 260
mensagem, 111, 112, 164
merendar, 199-200
mesmo, 142
mí, 22, 114
mi/mis, 22, 158
mil, 132
mío/a/os/as, 158, 159, 161
mismo/a/os/as, 137, 139, 142, 282-283
modales, 260
modo, 265, 294
modo e pessoa, 91
modo indicativo, 166, 167
modos y tiempos verbales, 165
moler, 209-210
morfemas, 53, 165, 259
morfemas de gênero, 92
mucho, 265, 266, 277, 281
mucho/a/os/as, 141
muy, 141, 144, 265, 277, 281
muy bien, 274

N

n, 17, 22, 46
ñ, 18, 25
nada, 136, 137, 138
nadie, 136,138
negación, 266
neutro, 113
neutro dos *pronombres*,113
ninguno/a/os/as, 80, 136, 138

no, 266, 278
no contables o no numerables, 62
nombre masculino, 80
nombre ou pronombre da principal, 292
nombre propio, 94
nombre(s), 52, 57, 60, 62, 80, 92, 94, 97, 101, 293
nombres ambiguos, 56
nombres colectivos, 62
nombres comunes, 51, 52
nombres comunes quanto ao gênero, 58
nombres contables o numerables, 62
nombres epicenos, 54
nombres femeninos, 54-59, 92
nombres intangibles, 51
nombres masculinos, 54-59, 92
nombres propios, 51, 52, 81
nombres tangibles, 51
nos, 114, 115
nosotros(as), 114, 125, 127
núcleo do predicado, 173
nuestro/a/os/as, 158,160
numeral(es), 77, 81, 130-135, 137, 139
numerales cardinales, 130-132
numerales compuestos, 81
numerales ordinales, 132, 134
número, 69, 92, 130, 164, 259
número dos *nombres*, 60
número dos *pronombres personales*, 113
números compostos, 131
nunca, 265, 272

O

o, 18
objetiva, 294
objeto directo, 52, 174, 195, 286, 293, 294
objeto directo o indirecto, 195, 289
objeto indirecto, 127, 293, 294
oír, 227-228
optimante, 274
oração subordinada, 83
oración completa, 286
oración gramatical, 284
oración principal, 292, 294
oración(es), 49, 52, 53, 86, 89
oraciones adjetivas ou *de relativo*, 293
oraciones adverbiales, 243, 294
oraciones adverbiales comparativas, 295
oraciones adverbiales concesivas, 296
oraciones adverbiales condicionales, 295
oraciones adverbiales consecutivas, 295
oraciones adverbiales de lugar, 295
oraciones adverbiales de modo, 295
oraciones adverbiales temporales, 295
oraciones compuestas, 284, 290-296
oraciones coordinadas, 290
oraciones coordinadas adversativas, 291
oraciones coordinadas causales, 292
oraciones coordinadas consecutivas, 292
oraciones coordinadas copulativas, 291
oraciones coordinadas disyuntivas, 291
oraciones de relativo, 242
oraciones de verbo atributivo, 285
oraciones de verbo copulativo, 285
oraciones en voz pasiva, 287
oraciones impersonales, 287
oraciones intransitivas de verbo transitivo, 287
oraciones intransitivas, 285, 286
oraciones recíprocas, 286, 289
oraciones reflexivas, 286, 288
oraciones simples, 284, 285-290
oraciones subordinadas, 292
oraciones sustantivas, 293
oraciones transitivas, 286
oraciones unipersonales, 288
ordinales, 80
os, 105-127
otro/a/os/las, 137, 138, 139, 143
ouvinte da mensagem, 111
oxítonas, 22

P

p, 18
palavras compostas, 24
para, 245, 249, 257
para que, 260
paradigma dos *pronombres personales*, 106-110
parecer, 124, 220-221, 285
paréntesis, 13

paroxítonas, 22
Participio, 166, 168, 177, 180, 189, 284, 285
Participio Pasado, 168
Participio Pasivo, 178
Participio Presente, 59
partir, 187-189
pasivas, 124
pasivas de primera, 287
pasivas de segunda, 287
pasivas reflejas, 287
passivo, 123
peor, 265, 275, 280
perder, 201-202
Perfecto, 190
período, 290
pero, 261
personales, 105-127
pessoa, 164
pessoas gramaticais, 111
plural, 60, 61, 82, 112
plural de modestia, 115
plural dos *adjetivos*, 80
plural mayestático, 115
pluralia tantum, 63
poco, 265, 277
poco/a/os/las, 141
podrir, 216-217
pois não, 282
ponderativas, 156
por, 245, 249-250, 258
por el contrario, 282
por el medio, 276
por en medio, 276
por medio, 260, 276
por medio de, 277

por que, 23
porque, 23
posesivo(s), 74, 105, 158-161
positivo, 82, 84
Pospretérito, 163, 171, 176
Pospretérito de consejo, 171
Pospretérito de cortesía, 171
Pospretérito de probabilidad, 171
predicado nominal, 113, 284, 285
predicado verbal, 284
predicado(s), 49, 86, 113, 121, 162, 284, 290
predicados não pronominais, 113
predicados verbal e nominal, 284
predicativo(s), 76, 124, 151, 173-174
predicativos do sustantivo, 76
prefixos, 93, 96
prefixos significativos, 95
prefixos apreciativos, 95
preposición(es), 83, 117, 148, 153, 245-258, 286
preposiciones compuestas, 251
Presente, 166, 169, 171, 175, 176, 190, 197, 198, 242
Presente de Indicativo, 53, 178
Presente de Subjuntivo, 242, 243
Presente exhortativo, 169
Presente futuro, 169
Presente habitual, 169
Presente histórico, 169
Presente intemporal, 169
Presentes de Indicativo, Subjuntivo e Imperativo, 198
Pretérito, 163, 166, 169, 172, 173, 175, 176, 198
Pretérito Anterior, 170, 241

Pretérito de Subjuntivo, 244
Pretérito Imperfecto, 169, 172
Pretérito Imperfecto de Indicativo, 37, 162
Pretérito Imperfecto de Subjuntivo, 163, 244
Pretérito Perfecto, 172
Pretérito Perfecto Compuesto, 169
Pretérito Perfecto de Indicativo, 241, 242
Pretérito Perfecto Simple, 169
Pretérito Pluscuamperfecto, 170, 172
primeira conjugação, 174, 183-185
primeira e segunda pessoa, 117
primeira pessoa, 105-111, 164
primeira pessoa do plural, 114, 120
primer(o), 132
proclítico, 126
pronombre átono, 286, 289
pronombre complemento directo o indirecto, 195
pronombre indefinido, 142
pronombre neutro, 124
pronombre personal complemento, 119
pronombre personal em função de complemento, 117
pronombre personal sujeto, 115-116
pronombre relativo, 89
pronombre sujeto, 116
pronombre(s), 52, 111, 117, 130, 136, 150, 151, 152, 155, 158, 174, 285
pronombre(s) personal(es), 53, 105, 119, 141
pronombres cuantitativos, 137
pronombres demostrativos, 128
pronombres enclíticos, 195
pronombres personales átonos, 120
pronombres personales da terceira pessoa, 124
pronombres reflexivos, 195, 198
pronombres relativos, 145-149, 293
pronome pessoal, 160
pronome sujeito, 125
pronomes átonos, 126-127
pronominales, 174
pronto, 265, 272
proparoxítonas, 22
propias, 288
propio/a/os/as, 137, 139, 263, 288
proposición adjetiva, 145,147, 148
proposición subordinada, 150
proposición(es), 83, 89, 145
proposiciones adjetivas, 145
proposiciones coordinadas, 149
pudrir o podrir, 216-217
pues, 266, 280
pues bien, 280
puesto que, 296
punto, 13
punto y coma, 13
puntos suspensivos, 13

Q
q, 18
qual/quais, 149, 154
qualquer, 143
qué de, 155, 156
qué tan(to), 155

que, 23, 83, 145, 146, 147, 149, 295, 296
qué, 150, 151, 153, 154, 155, 157
quem, 153
quien/quienes, 23, 146, 147
quién/quiénes, 150, 151, 155
quienquiera/quienesquiera que, 137
quizá(s), 266, 279

R

r, 18, 36
raíz, 53, 93, 94, 164
raya, 13
receptor, 111, 112, 164
receptor da mensagem (segunda pessoa), 105
recíprocas, 286, 289-290
recíproco(s), 121, 174
referente, 112
reflexivas, 286, 288-289
reflexivo directo, 174
reflexivo indirecto, 174
reflexivo(s), 121-124, 174, 195
refranes, 297
reglas ortográficas, 22
regras do *b*, 37
regras do *d*, 34
regras do *g*, 41
regras do *h*, 43
regras do *r* e do *rr*, 36
regras do *v*, 38
regras do *y*, 35
reiterativos, 173
relación con lo dicho, 266
relativo(s), 77, 85-86, 145-149, 151, 242, 265, 266
requete-, 85

S

s, 19, 22
salir, 223-224
se, 23, 105-127, 144, 288, 289, 290
sé, 22
seguir, 235-237
según, 117, 245, 250, 295
según que, 295
segunda conjugação, 174, 185-187
segunda pessoa *de cortesía*, 121
segunda pessoa do plural, 114
segunda pessoa do plural, 120
segunda pessoa, 105, 107-111, 117, 164
semejanteles, 137
sentir, 204-206
ser amado, 192-194
ser e *estar*, 173, 287
ser, 124, 168, 177, 180-182, 189, 190, 285
si, 23, 295, 296
sí, 22, 114, 117, 265, 278
si bien, 275
siempre, 265, 272
significativo(s), 96, 97
signo humano positivo, 111
signos ortográficos, 13
simples, 166, 293
sin, 245, 251
sin embargo, 261, 262
singular, 60, 62, 80, 82
singular e plural, 63
singularia tantum, 63
so, 245
sobre, 245, 246, 251
solo, 24, 277

sólo, 277
su/sus, 158, 160
subjetiva, 294
Subjuntivo, 91, 140, 166, 167, 176
subordinación, 259
subordinadas, 290, 292
sufixo aumentativo, 104
sufixo -avo, 134
sufixo superlativo, 86
sufixo(s), 59, 80, 84, 93, 97-104
sufixos apreciativos, 94, 95
sufixos aumentativos ou diminutivos, 264
sujeto, 49, 106-110, 123, 174, 195, 284, 285, 289, 290, 293, 294
sujeto agente, 286
sujeto da *oración*, 78
sujeto paciente, 287
super-, 85
super bien, 280
superioridad, 82, 85
superlativo, 82, 84, 86, 280
superlativo absoluto, 90, 274
superlativo relativo, 85-86, 274
sustantivación del adjetivo, 88
sustantivas, 293
sustantivo na *oración simple*, 293
sustantivo sujeto, 53
sustantivo(s), 49-68, 69, 76, 79, 80, 86, 87, 117, 119, 128, 145, 146, 155, 159, 160, 284, 285, 292, 293
sustantivos compuestos, 87
sustantivos funcionales, 50
sustantivos no plural, 93
sustantivos no singular, 93
suyo/a/os/as, 158, 159

T

t, 19
tal vez, 279
tal/es, 137, 139
también, 266, 279, 280
tampoco, 266, 280, 283
tan, 260, 265
tan pronto como, 262
tangibles (concretos), 49, 51
tanto, 265, 266, 277
tanto como, 260
te, 105-127
té, 22
temer, 185-187
temporales, 262, 294
tempos compostos, 178
tempos do indicativo, 169
tempos do subjuntivo, 171
tempos simples, 166
tener, 217-219, 238, 254, 255
tener a bien, 275
terceira conjugação, 174, 187-189
terceira pessoa, 105, 109, 112, 117, 121, 164
terceira pessoa do plural, 114
tercer(o), 132
terminação dos *nombres*, 56
terminações pessoais, 163
ti, 114
tiempo, 165, 265
tiempos y modos, 166
tilde diacrítica, 22, 23
todavía, 261, 265, 272
todo/a/os/as, 75, 76, 140, 141,142, 277
transitivas, 288

transitivo(s), 174, 286
tras, 245, 251
traslación, 52-53
tritongo(s), 24, 35
tú, 22, 114, 125
tu/tus, 22, 158
tudo, 142
tuyo/a/os/as, 158, 159, 161

U

u, 19
ü, 25
un billón, 131
un millardo, 131
un millón, 131
unidades interrogativas, 150
unipersonales, 286, 288
uno/a, 130, 132, 141, 143
usted, ustedes, 116, 119, 125, 161

V

v, 20, 38
vario/a/os/as, 137
verbo atributivo, 285
verbo copulativo, 285
verbo na *oración principal*, 293
verbo na terceira pessoa, 287
verbo no *infinitivo*, 286
verbo pronominal, 290
verbo reflexivo, 198
verbo transitivo pronominal, 289
verbo(s), 48, 50, 52, 53, 78, 87, 101, 102, 105, 119, 162-244, 264, 284, 285, 289
verbos auxiliares, 177
verbos defectivos, 239-241
verbos impersonales, 241
verbos intransitivos, 290
verbos irregulares, 198-239

verbos pronominais, 198
verbos recíprocos propios, 290
verbos reflexivos, 195
verbos regulares, 174-177, 183-189
vocativo, 73
volar, 207-208
vos, 114, 115, 125
voseo, 115
vosotros, 114, 125, 127
voz activa, 165, 168, 286
voz pasiva, 168, 180, 189-194, 285
vuestro/a/os/as, 158,160

W

w, 20

X

x, 20, 46

Y

y, 20, 35, 132, 164
ya, 265, 282
yuxtaposición, 290, 292

Z

z, 21